Martin Buchsteiner, Tobias Lorenz, Jan Scheller

Medien analysieren im Geschichtsunterricht

Martin Buchsteiner, Tobias Lorenz, Jan Scheller

Medien analysieren im Geschichtsunterricht

Kompetenzorientierte und binnendifferenzierte Aufgaben für Karten, Bilder, Plakate, Karikaturen, Schemata, gegenständliche Quellen, Statistiken, Texte und Lieder

WOCHEN
SCHAU
VERLAG

Bibliografische Information der Deutschen Nationalbibliothek

Die Deutsche Nationalbibliothek verzeichnet diese Publikation in der Deutschen Nationalbibliografie; detaillierte bibliografische Daten sind im Internet unter http://dnb.d-nb.de abrufbar.

www.wochenschau-verlag.de

Titelbild: © phonlamaiphoto, adobe stock
Gesamtherstellung: Wochenschau Verlag
Gedruckt auf chlorfrei gebleichtem Papier
ISBN 978-3-7344-0709-3

Inhalt

Theorieteil

Jedes Medium ermöglicht historisches Lernen

Bis in die jüngste Zeit war der Medienbegriff im Rahmen des Geschichtsunterrichts ausgesprochen unscharf. Fragen, inwiefern (historische) Medien (z.B. Texte, Bilder etc.) von Unterrichtsmitteln (z.B. Tafel, Stift u.a.) zu trennen und wie alltagsweltliche Medien mit historischem Bezug (z.B. Romane, Spielfilme, Comics etc.) dabei einzuordnen sind, bleiben bis heute nicht eindeutig beantwortet. Der Einzug digitaler Medien in die Schule befördert dieses Begriffsdurcheinander noch zusätzlich.

In den Geistes- und Kulturwissenschaften wird der Begriff Medium als vermittelndes Element definiert. Jedes Medium hat einen Bezug zur Vergangenheit, da es zu einem bestimmten Zeitpunkt entstanden und in die Gegenwart überliefert ist. Insofern kann jedes Medium zum Medium historischen Lernens werden, nämlich immer dann, wenn mit seiner Hilfe eine Entwicklung dargestellt oder es als Zeichen/Relikt seiner Zeit betrachtet wird. Hieraus ergibt sich, dass die Unterscheidung von Medien in Quellen und Darstellungen nur im Kontext ihrer jeweiligen Funktion im historischen Lernprozess sinnvoll ist (Günther-Arndt 2015, 30). Wird z.B. Fritz Fischers Deutung zur Kriegsschuldfrage des Ersten Weltkriegs im Unterricht aufgegriffen, dient sie als Darstellung. Geht es jedoch um bundesdeutsche Mentalitäten in den 1960er Jahren, fungiert Fischers Deutung als Quelle. Medien können also stets Quelle und Darstellung sein.

Lernentwicklung als Ziel

Mit der Fokussierung von Quellenarbeit in den 1970er Jahren als Antwort auf die bis dahin praktizierte „lehrererzählungsdominierte Kanonaneignung“ (von Borries 2016, 13), ist Geschichtsunterricht von einer mehr oder weniger tiefgreifenden

Bearbeitung verschiedener Medien historischen Lernens gekennzeichnet. Im Geschichtsunterricht spielen Medien dann eine tragende Rolle, wenn sie der Untersuchung und Bewertung historischer Sachverhalte dienen. Dies muss herausgestellt und eingeübt werden. Trotz einer solchen Notwendigkeit und einer bereits fast zwei Jahrzehnte andauernden Kompetenzdebatte wird dies zumeist nicht dezidiert getan. Während es sich die meisten Bildungs- bzw. Kultusministerien einfach gemacht und die bisher schon präsente Arbeitstechnik der (Quellen-)Analyse/Interpretation kurzerhand als Methoden*kompetenz* umetikettierten (Pandel 2016, 22), ignorierten sie – wie viele – den Unterschied, den es zwischen Lernzielen und Kompetenzen gibt. Kompetenz bezeichnet die „Fähigkeit, Fertigkeit und Bereitschaft [...] eigenständig und kreativ komplexe Problemstellungen zu lösen“ (Weinert 2001, 27f.). Somit beinhalten Kompetenzen wesentlich komplexere Denkprozesse als die meisten Lernziele und haben eben nicht die Analyse von Quellen oder Darstellungen als Selbstzweck zur Zielsetzung.

Dass die Analyse von Medien nicht der primäre Inhalt und auch nicht das immer wiederkehrende Ziel des Geschichtsunterrichts sein kann, ist keine neue Erkenntnis. Schon 1983 warnte Gerhard Schoebe: „Das besonders Frustrierende für die Schüler ist, daß erbarmungslos in der nächsten Stunde die nächste Quelle drankommt, aus der nun wieder etwas mühsam herausgefunden werden soll, was der Lehrer schon vorher festgelegt hat und dass er doch auch darstellen und dann problematisieren könnte“ (Schoebe 1983, 303). Danach sollte die Medienanalyse immer nur ein Mittel sein, um historische Fragestellungen zu beantworten bzw. sich historischen Problemstellungen nähern zu können.

Leitfäden verhindern Kompetenzausbildung

Viele Schulbücher bieten Leitfäden an, um die Medienanalyse im Geschichtsunterricht zu erleichtern. Diese Leitfäden sind in mehrfacher Hinsicht problematisch:

1. Leitfäden suggerieren Vollständigkeit. Der Umfang ist meist jedoch durch das Einhalten von Format- und/oder Zeichenvorgaben motiviert und wird nicht selten kurz danach wieder aufgegeben, wenn ein weiterer Leitfaden als Erweiterung vorgelegt wird.
2. Leitfäden ignorieren individuelle Fragestellungen sowie didaktisch legitimierte Unterrichtsziele. In beiden Fällen werden häufig weniger oder mehr Schritte nötig, als in Leitfäden enthalten. Viele Leitfäden gestehen dies mittlerweile ein und informieren darüber, dass nicht immer alle aufgeführten Tätigkeiten ausgeführt werden müssen.
3. Leitfäden werden mit steigender Jahrgangsstufe nur umfänglicher statt komplexer. Deren Aufgabenstellungen bleiben in unterschiedlichen Jahrgangsstufen weitgehend identisch, statt für höhere Klassenstufen anspruchsvoller zu werden.
4. Leitfäden verzichten auf Binnendifferenzierung. Weder wird in den Leitfäden darauf eingegangen, wie die mit den einzelnen Aufgabenstellungen verbundenen Fähigkeiten angebahnt werden können, noch bieten sie komplexer werdende Aufgabenformate.
5. Leitfäden sind Formatvorlagen. Die Fähigkeit, entsprechend historischer Fragestellungen die zur Beantwortung notwendigen Schritte auszuwählen und ihre Reihenfolge festzulegen, wird nicht angebahnt.

Ein auf Leitfäden und Checklisten aufgebauter Unterricht verzichtet auf eine Weiterentwicklung mehrerer Fähigkeiten zur Analyse von Medien historischen Lernens und ignoriert insbesondere die Anbahnung der Fähigkeit, problembezogen und eigenständig für Aufgabenstellungen notwendige Fähigkeiten auszuwählen. Ein solcher Unterricht ist nicht zur Anbahnung von Kompetenzen geeignet. Im Gegenteil: Mit Leitfäden und Checklisten wird einem Unterricht Vorschub geleistet, der immer gleiche Tätigkeiten abarbeiten lässt. In der Konsequenz führt dies zu einem Unterricht, der – wohl um die Schüler/ in nen zu motivieren – auf einen schnellen Wechsel der Medien setzt, aber das Ziel verfehlt, deren Fähigkeiten zur Analyse zu steigern (Hodel/Waldis 2007, 138).

Echte Kompetenzorientierung – Was Schüler/-innen können (sollten)

Im Vordergrund muss die unterrichtspragmatische Frage stehen, wie bei der Analyse von Medien historischen Lernens

- Aufgabenstellungen individuellen Leistungsständen angepasst werden können,
- Schüler/-innen zu immer eigenständigeren Problemlösungen angehalten werden und
- am Beispiel erlangte Fähigkeiten bei anderen Medien flexibel angewendet werden können.

Nur so werden im Sinne einer kreativen Anwendung der im Geschichtsunterricht erworbenen Fähigkeiten Schüler/-innen tatsächlich in die Lage versetzt, auf außerschulische und lebensweltliche Herausforderungen wirksam reagieren zu können.

Ordnung im Durcheinander – Ein Begriff statt vieler Worte

Analyse und Interpretation sind keine domänenspezifischen Begriffe, sondern wurden aus anderen Wissenschaften in die Geschichtswissenschaft und damit auch in den Geschichtsunterricht hineingetragen, wo sie, zum Qualifikationsziel erhoben, übertriebene Verwendung fanden. Um ihre Entwertung als Leerformel zu verhindern, bedarf es anscheinend immer neuer Bezeichnungen: So finden sich die oft synonym gebrauchten Begriffe „Quellenanalyse“, „Quellenauswertung“, „Quellenkritik“ und „Quelleninterpretation“. Tatsächlich ist aber – wie schon benannt und begründet – die Interpretation eines Mediums per se nicht das Ziel historischen Lernens. Geschichte ist eine perspektivische Darstellung historischer Sachverhalte. Dies ist kein Mangel, der durch eine hinreichende Kritik an der jeweiligen Geschichte behoben werden soll, sondern konstitutives Merkmal. Geschichte wird zu jeder Zeit aus einem mit Zukunftserwartungen verbundenen, gegenwärtigen Orientierungsbedürfnis heraus erzählt.

Da am Anfang der Auseinandersetzung mit Geschichte die das Orientierungsbedürfnis fassende und verbalisierende historische Frage steht, geht es gerade im Geschichtsunterricht nie um eine vollständige Interpretation der in Form von Medien vorliegenden Geschichte(n), sondern immer nur um ihre kriterienorientierte bzw. aspektgeleitete Erschließung (KMK 2012), die dann zum Ausgangspunkt einer Sinnbildung – etwa im Rahmen einer Beurteilung, Bewertung oder Diskussion – werden kann. Aus diesem Grund erscheint der Begriff *Medienanalyse* geeigneter.

Ein gemeinsames Verfahren für alle Medien

Jedes Medium besitzt eine Eigenlogik, die in Spezifika ihrer Gattungsmerkmale begründet liegt. Ein Plakat hat einen anderen Adressatenkreis als ein privater Brief und somit eine andere Funktion. Gleichzeitig folgt ein Plakat anderen Gestaltungsprinzipien als ein Brief. In einem Plakat haben graphische Gestaltungsmittel einen wesentlich höheren Stellenwert. Zöge man aus dieser grundsätzlichen Betrachtung die Schlussfolgerung, dass für jedes Medium (Briefe, Urkunden, Gesetze, Reden, Fotos, Portraits, Landschaftsgemälde, Plakate, Karikaturen, Dokumentar- und Spielfilme, Popsongs, Schlager, Hymnen, Verfassungsschemata, Kreisdiagramme, Geschichtskarten usw.) eine besondere Form der Analyse notwendig sei, hätte man für den Geschichtsunterricht eine Flut an Analysen zu trainieren, deren Menge die der Leitfäden in Schulbüchern noch übertreffen würde.

Dabei würde jedoch verkannt, dass sich die Analyse von Medien historischen Lernens im Geschichtsunterricht stets auf zwei Denkoperationen reduzieren lässt: a) entweder werden Medien mit dem Ziel untersucht, historische Ereignisse, Prozesse sinnbildend zu einer Geschichte zu verknüpfen oder b) es soll die im Medium vorliegende Deutung der Geschichte und/

oder deren Triftigkeit untersucht werden (Körber u.a. 2007, 27). Triftigkeit meint die Überprüfung der Argumentation hinsichtlich ihrer argumentativen Schlüssigkeit, nachvollziehbarer Belege und gegenwärtiger normativer Setzungen (Körber u.a. 2007, 218 f.). Denkoperationen, wie historische Fragestellungen zu entwickeln bzw. Fragestellungen offenzulegen sowie die der Medienrecherche und -auswahl, erfahren dabei leider geringe Aufmerksamkeit.

Im Geschichtsunterricht sollten grundsätzlich immer spezifische Denkoperationen als Lerngegenstand fokussiert werden. Dies heißt nicht, Medienspezifika zu ignorieren: Sie sind für Formulierungen historischer Fragen zentral und entscheiden über die bei der Analyse anzulegenden Aspekte. Die Medienspezifika beeinflussen jedoch nicht das grundsätzliche methodische Vorgehen.

Aspekte der Medienanalyse

Sämtliche Medien historischen Lernens lassen sich unter den nachstehenden Gesichtspunkten analysieren.

zugeordneter Aspekt	Medien historischen Lernens …
formale Merkmale	… sind an einen zeitlichen, räumlichen und personellen Kontext sowie an eine gestalterische Form gebunden.
Stimmung/Wirkung	… (lösen) Gefühle/Emotionen aus, die ihre Rezeption beeinflussen.
Gestaltung	… nutzen spezifische, kulturell und historisch konnotierte, stilistische, graphische, akustische und/oder plastische Mittel.
historischer Sachverhalt	… dokumentieren historische Personen, Lebewesen, Gegenstände, Ereignisse, Prozesse und/oder Strukturen.
Deutung	… enthalten zeitgenössische und kulturell konnotierte Sinnbildungen über Vergangenes und Orientierungsangebote für Gegenwart und Zukunft.
Intention/-en	… wollen eine bestimmte Gruppe zu einer bestimmten Handlung/Haltung motivieren/zwingen.
Perspektive	… sind urteilende/wertende Erzählungen.

Darüber hinaus finden sich bei bestimmten Medien spezifische Kriterien, die die Analyse unter weiteren Aspekten ermöglicht:

zugeordneter Aspekt	Medien historischen Lernens ...
Schriftzeichen/-systeme	... nutzen eine kulturell und historisch konnotierte (Schrift-)Sprache.
unbekannte (Fach-) Begriffe/Fremdwörter	... verwenden kulturell und historisch konnotierte Begriffe.
Lagebeziehungen/ Standortfaktoren	... verbinden geographische und sachliche Informationen.
historisch-geographischer Raum	... zeigen die (historische) Topographie eines Raumes.
historischer Gebrauchswert und soziales Zeichen	... geben Auskunft über den Besitzer und dessen soziale Stellung/soziales Ansehen.
Mengenverhältnisse	... nutzen Zahlen- und Mengenangaben um Beziehungen und/oder Entwicklungen darzustellen.
Abhängigkeitsverhältnisse	... stellen (abstrakt) hierarchische Ordnungen dar.

Aspekte stehen in Beziehungen zueinander und können nicht in beliebiger Reihenfolge und Auswahl nacheinander abgearbeitet, sondern müssen gezielt ausgewählt werden. Einige lassen sich nur untersuchen, wenn zuvor andere geklärt wurden; weitere lassen sich nutzen, um Hypothesen zu formulieren, die durch Analysen anderer Aspekte geprüft werden können.

Zudem ist bei vielen Aspekten Wissen zum historischen Kontext notwendig. Wenn dafür nicht auf vorhandene Kenntnisse bei Schülern/Schülerinnen zurückgegriffen werden kann, wird Begleitmaterial benötigt, das entweder vorgegeben wird oder zu erarbeiten ist. In einigen Fällen ist darüber hinaus fachfremdes Wissen notwendig. Die nachfolgende Tabelle verdeutlicht Beziehungen bzw. Abhängigkeiten der vorgestellten Aspekte und verweist auf die Notwendigkeit historischer oder fachfremder Kenntnisse bei deren Bearbeitung:

Aspekt	evoziert/bezieht sich auf
formale Merkmale	Fragen, (Hypo-)Thesen (z.B. zur Perspektive, zur/zu Intention/-en)
Stimmung/Wirkung	Fragen, (Hypo-)Thesen (z.B. zur Perspektive, zur/zu Intention/en); die Betrachtung der *Gestaltung* und Kenntnisse zum historischen Kontext
Gestaltung	Kenntnisse zum historischen Kontext
historischer Sachverhalt	Kenntnisse zum historischen Kontext
Deutung	die *Gestaltung* und Kenntnisse zum historischen Kontext
Intention/-en	die Betrachtung der *formalen Merkmale* und der *Deutung* sowie Kenntnisse zum historischen Kontext
Perspektive	die Betrachtung der *formalen Merkmale* und der *Deutung* sowie Kenntnisse zum historischen Kontext
Schriftzeichen/-systeme	Kenntnisse zum historischen Kontext
unbekannte (Fach-) Begriffe/Fremdwörter	Kenntnisse zum historischen Kontext
Lagebeziehungen/ Standortfaktoren	geographische Kenntnisse
historisch-geographischer Raum	geographische Kenntnisse und Kenntnisse zum historischen Kontext
historischer Gebrauchswert und soziales Zeichen	naturwissenschaftliche Kenntnisse und Kenntnisse zum historischen Kontext
Mengenverhältnisse	mathematische Kenntnisse
Abhängigkeitsverhältnisse	die Betrachtung der *Gestaltung*

Ziele: Fähigkeiten, Fertigkeiten, Kompetenzen

Das Schule im Allgemeinen und Geschichtsunterricht im Speziellen ein intentionaler Prozess ist und somit Ziele benötigt, die vor Beginn des Lehr-Lern-Prozesses festgelegt werden müssen, ist unstrittig. Über das, was Ziele einer Geschichtsstunde sein sollen, können oder dürfen, besteht aber auch innerhalb der Geschichtsdidaktik keineswegs Einvernehmen. Das erleben vor allem angehende Geschichtslehrer/-innen, die in ihrer Ausbildung (egal in welcher Phase) je nach Dozent/-in, Fachleiter/-in oder Mentor/-in mit unterschiedlichsten Vorgaben über Zielformulierungen konfrontiert werden.

Über die bereits in den 1970er Jahren gestellte Forderung, dass „nicht mehr eine Anhäufung von Faktenwissen [...], sondern Kompetenz im Gebrauch von verfahrensgebundenen und von allgemeinen Denk- und Handlungsstrategien“ (Roth 1971, 474), erklärtes Ziel sein sollte, herrscht infolge des PISA-Schocks hingegen seit einigen Jahren nunmehr konsensuelle Zustimmung. Danach ist das Ziel von (Geschichts-)Unterricht die Weiterentwicklung von Fähigkeiten zu Fertigkeiten, d.h. zu jederzeit abruf- und flexibel einsetzbaren Fähigkeiten. Können diese Fertigkeiten dann genutzt werden, um komplexe (historische) Problemstellungen eigenständig und kreativ zu bewältigen, liegt eine (historische) Kompetenz im Sinne der Definition Weinerts vor (Weinert 2001, 27 f.).

Nicht wenige Rahmenpläne favorisieren für einen Kompetenzerwerb allerdings fächerübergreifende Kompetenzmodelle unter der theoretischen Vorannahme, dass der Sport-, Physik- und Geschichtsunterricht die gleichen Kompetenzen ausprägen. Dieser Ansatz kommt ursprünglich aus der beruflichen Bildung und sieht vor, dass zum Erreichen einer sogenannten Handlungskompetenz verschiedene Einzelkompetenzen trainiert werden sollen: Sach-, Methoden-, Sozial- und Selbstkompetenz.

Gegner dieser Auffassung bevorzugen fächerspezifische Kompetenzmodelle, die in der Regel von den jeweiligen Fachdidaktiken entwickelt wurden und je nach Bundesland stärker oder schwächer in den Rahmenplänen vertreten sind.

Welche Kompetenzen im Geschichtsunterricht ausgeprägt werden sollen und welche davon nur im Geschichtsunterricht ausprägt werden können, ist strittig. Die immer wiederkehrende Diskussion um einen Themen-Kanon kann dieses Dilemma nicht lösen, sondern blendet es aus und befeuert stattdessen einen künstlichen Gegensatz zwischen inhaltsorientierter Themenwahl und kompetenzorientierter Zielformulierung.

Unter den theoretisch entwickelten Kompetenzmodellen, die allesamt Antworten auf diese Frage unterbreiten, werden im Folgenden drei vorgestellt und auf ihre Gemeinsamkeiten und Unterschiede hin beleuchtet. Das Kompetenzmodell der Forschergruppe „FUER Geschichtsbewusstsein“ ist am stärksten empirisch begründet. In Österreich ist es landesweit verbindlich. Das Modell folgt den historischen Basisoperationen, auf die bereits im Kapitel „Ein gemeinsames Verfahren für alle Medien“ eingegangen wurde. Daraus werden *vier historische Kernkompetenzen* abgeleitet (Körber u.a. 2007, 27 ff.):

- *Fragekompetenz:* Die Kompetenz aus einem Orientierungsbedürfnis heraus historische Fragen formulieren und in Geschichten die ihnen zugrundeliegenden historischen Fragen identifizieren zu können.
- *Methodenkompetenz:* Die Kompetenz historische Narrationen verfassen zu können (Re-Konstruktionskompetenz) sowie die in einem Medium enthaltene Narration in ihrer Tiefenstruktur mit dem Ziel zu analysieren, die zugrundeliegenden Intentionen und/oder Orientierungsangebote zu erfassen und/oder sie hinsichtlich ihrer Triftigkeit zu prüfen (De-Konstruktionskompetenz).
- *Orientierungskompetenz:* Die Kompetenz die Erkenntnisse und Einsichten, die durch das Beantworten der historischen Frage mittels Re- oder De-Konstruktion einhergingen, auf die eigene Person und Lebenswelt bzw. die eigene Weltsicht zu beziehen.

- *Sachkompetenz:* Die Kompetenz fachspezifische Prinzipien, Theorien, Konzepte, Kategorien und Begriffen anzuwenden.

Das Kompetenzmodell von Hans-Jürgen Pandel benennt vier andere historische Kompetenzen (Pandel 2013, 222):

- *Narrative Kompetenz:* Hier besteht eine hohe Affinität mit der Re-Konstruktionskompetenz nach dem FUER-Modell und beschreibt die Kompetenz historische Ereignisse sinnbildend sprachlich darstellen zu können.
- *Interpretationskompetenz:* Hier besteht eine hohe Affinität zur Interpretationskompetenz nach Gautschi und meint das Vermögen zur Anwendung hermeneutischer Verfahren auf verschiedenste Medien historischen Lernens (zur Problematik des Interpretationsbegriffes vgl. das Kapitel „Ordnung im Durcheinander – Ein Begriff statt vieler Worte").
- *Gattungskompetenz:* Hierbei sollen (seitens der Schüler und Schülerinnen) Medienarten unterschieden werden können, um überhaupt fachlich adäquat mit ihnen umzugehen. Dies wird bei Gautschi und FUER nicht als eigenständige Kompetenz aufgefasst, sondern als Voraussetzung für die Interpretations- bzw. De-Konstruktionskompetenz betrachtet.
- *Geschichtskulturelle Kompetenz:* Mit ihr sollen Schüler/-innen an gesellschaftlichen Diskursen über Geschichte teilnehmen können. Im Wesentlichen wird dies bei Gautschi und FUER unter der Orientierungskompetenz mit gefasst.

Das Kompetenzmodell von Peter Gautschi orientiert sich am Kreislauf historischen Lernens (Gautschi 2009, 51). Es beginnt mit der *Wahrnehmungskompetenz* für Veränderungen in der Zeit, wobei – setzt man die Definition Weinerts voraus – der Begriff „Kompetenz" hier problematisch ist, denn die Fähigkeit Unterschiede zwischen Gegenständen, Sachverhalten oder Normen und Werten auf eine Zeitdifferenz oder gar einen historischen Wandel zurückzuführen, ist nicht automatisch eine komplexe Problemlöseoperation. Anschließend folgt die *Erschließungs-* und *Interpretationskompetenz*. Ebenso wie das der FUER-Gruppe beinhaltet das Modell von Gautschi zuletzt eine *Orientierungskompetenz*.

Die Zusammenstellung der drei Kompetenzmodelle zeigt große Überschneidungen und minimale Abweichungen hinsichtlich der Fachspezifika. Letztendlich beziehen sich alle mehr oder weniger auf folgende historische Denkoperationen, die Schüler/-innen beherrschen sollen:

- aus einem Orientierungsbedürfnis heraus historische Fragen formulieren,
- Medien, die Erkenntnisse und Aussagen über Vergangenes zulassen, untersuchen,
- eigene Narrationen über historische Personen/Ereignisse/Strukturen/Prozesse formulieren und
- sich am geschichtskulturellen Diskurs beteiligen.

Im Folgenden wird nun verdeutlicht, wie mithilfe des Rasters die konkrete Denkoperation, Medien zu analysieren, sukzessive angebahnt werden kann. Je nachdem, welcher Aspekt dieser Denkoperation im Zentrum der Stunde stehen soll, liegt es an der Lehrperson, die zum Leistungsstand ihrer Schüler/-innen passenden Arbeitsaufträge auszuwählen. Anwendungsbeispiele dafür finden sich im hinteren Teil dieses Buches. Voraussetzung für einen Kompetenzerwerb bei Schülern/Schülerinnen ist eine stetige Wiederholung (an unterschiedlichen Medien), damit sich Fähigkeiten zu Fertigkeiten entwickeln können und Schüler/-innen schließlich entsprechend ihrer historischen Frage die für sie relevanten Aspekte auswählen und so ihren Lösungsweg selbst bestimmen können.

Arbeitsaufträge, die alle fördern und fordern

Als zentrales Steuerungsinstrument von Lernprozessen mit dem Ziel Kompetenzen anzubahnen, kommt Aufgabenstellungen/-formaten eine immense Bedeutung zu (Heuer 2010, 91). Gebräuchliche Aufgabenformate, bei denen aus Medien historischen Lernens Informationen über historische Akteure, Ereignisse, Strukturen und/oder Prozesse schlicht ermittelt und wiedergegeben werden sollen, führen den Geschichtsbegriff ad absurdum und setzen weder Kompetenzen voraus noch fördern sie deren Erwerb (Heuer 2010, 92). Hierfür braucht es vielmehr Arbeitsaufträge, die Schüler/-innen zu selbstständigem historischen Denken anregen, die „Integration von Wissen und Können beim Lernen fördern" und mit deren Hilfe sich kognitive Fähigkeiten und Fertigkeiten für jeweilige Problemlösungen fördern lassen (Hartung 2016, 193). Demzufolge sollten Lernaufgaben nicht mehr allein vom historischen Sachgegenstand aus formuliert werden, sondern von Anfang an die zu fördernde Kompetenz in den Blick nehmen und anschließend ausgehend von individuellen Voraussetzungen bei Schülern/Schülerinnen Lernwege aufzeigen, die bis zum Erreichen des gewünschten Kompetenzniveaus über Schuljahre hinweg mittels Arbeitsaufträgen fortwährend ausgebaut werden müssen (Hartung 2016, 195).

Für das Ansinnen eines Kompetenzerwerbs bedarf es also offen strukturierter Aufgabenstellungen. Da diese Art Aufgaben jedoch Schüler/-innen überfordern, wenn sie unmittelbar mit solchen konfrontiert werden, müssen jenen zunächst durch- oder anstrukturierte Arbeitsaufträge gestellt werden. Erst wenn ein/-e Schüler/-in mit einem durchstrukturierten Arbeitsauftrag zurechtkommt, sollte mit offen strukturierten Aufgabenformulierungen fortgeschritten werden.

Wird die beabsichtigte Kompetenzförderung über Teilziele/Aufgaben als Lernweg operationalisiert, schafft man zugleich die Möglichkeit zur Binnendifferenzierung. Um ein Stundenziel zu erreichen, können dafür entsprechend individueller Leistungsstände jeweils mehr oder weniger komplexe Arbeitsaufträge gestellt werden.

Endlich Klarheit – Operatoren schaffen (für alle) Transparenz

Die normative Auswahl und Definition der Operatoren durch die KMK bietet die Möglichkeit einer einheitlichen, d.h. schul-

und lehrkraftunabhängigen Umsetzung. Die grundsätzliche Kritik an der Operatorenliste der KMK soll jedoch nicht vorenthalten werden. Die Definitionen der einzelnen Operatoren sind nicht trennscharf. Mehrere Operatoren werden denselben Tätigkeiten zugewiesen, was nicht nur zu Unklarheiten führt, sondern im Widerspruch zu Definitionen vieler anderer Operatorenlisten steht. Dabei ist die Vorgabe seitens der KMK eindeutig: Operatoren sollen „signalisieren, welche Tätigkeiten beim Lösen von Prüfungsaufgaben erwartet werden“ (KMK 2005). Dies schließt eigentlich aus, dass bei der Erstellung und Bearbeitung von Schulabschlussprüfungen unterschiedliche Definitionen einzelner Operatoren ihre Anwendung finden können. Faktisch gibt es aber selbst für Abschlussprüfungen bisher keine einheitlichen Aufgabenformate. Hier ist dringend Änderungs- und somit Handlungsbedarf geboten. Einen Lösungsvorschlag liefern Buchsteiner, Must, Lorenz und Scheller, indem sie Operatoren in Teilschritte zerlegen (Buchsteiner/Must/Lorenz/Scheller 2018). In dieser Arbeit stehen nicht die Operatoren selbst im Fokus, sondern die durch sie bestimmte Art und Weise der Problemlösung.

Ein Raster zur Ziel- und Aufgabenformulierung

Die nachstehenden Bestandteile des Medienrasters listen für die einzelnen Aspekte einer Medienanalyse Ziel- und Aufgabenformulierungen auf. Die Aspekte dienen gleichsam als Benennungen der einzelnen Tabellenkomponenten. Die durch das Medienraster vorgegebene Reihenfolge der Aspekte ist willkürlich und muss an das konkrete Medium und die konkrete Fragestellung angepasst werden. Die Fähigkeitsbeschreibungen der Aspekte werden in Teilschritte gegliedert und ermöglichen so eine Lernprogression. Die einzelnen aufeinander aufbauenden Teilschritte sind zur leichteren Orientierung durch unterschiedliche Farben (grün, orange, lila) gekennzeichnet.

Beispiel: Zerlegung der Fähigkeitsbeschreibung in Teilschritte zum Aspekt formale Merkmale

Fähigkeit	Ich kann Autor/Auftraggeber*, Titel, Entstehungszeitraum, Entstehungsraum und/oder Präsentationsort wiedergeben und die vorliegende Medienart anhand typischer Kriterien bestimmen, daraus Hypothesen zum Adressatenkreis, zur Reichweite, zur Funktion, zur *Perspektive* und/oder zu/-r *Intention/-en* ableiten sowie daraus wiederum eine historische Frage ableiten.

* Aus Platzgründen sind weibliche Genusformen und Plurale nicht ausgeführt, sondern müssen immer mitgedacht werden.

Die farbig unterschiedlich gekennzeichneten Teilschritte sind nicht mit Wertigkeiten verbunden. Dies wird schnell ersichtlich, wenn etwa die Beschreibung eines komplexen Sachverhaltes (z.B. eines kubistischen Gemäldes) der Erklärung eines trivialen Zusammenhangs (z.B. das Tragen eines Schirms bei Regen) gegenübergestellt wird. Das Anspruchsvolle ergibt sich nicht zwingend aus der durch eine Aufgabe nachzuweisenden Fähigkeit, sondern vielmehr aus dem Komplexitätsgrad des Mediums.

Zu den einzelnen Fähigkeiten, die dem jeweiligen Aspekt zugewiesen sind, finden sich Arbeitsaufträge. Letztgenannte folgen der Logik einer Lernprogression, d.h. einer über Phasen organisierten Steigerung zunehmend komplexerer Anforderungen. Die Arbeitsaufträge sind dem jeweiligen Teilschritt farblich zugeordnet. Sie unterliegen allesamt der gleichen Konstruktionslogik: Grüne Arbeitsaufträge sind immer durchstrukturiert, orange anstrukturiert und lila gefärbte offen strukturiert konzipiert.

Beispiel: Fähigkeitsbeschreibung und Arbeitsaufträge für den Aspekt formale Merkmale

Aspekt	Fähigkeiten	Arbeitsaufträge
formale Merkmale	Ich kann den Autor/Auftraggeber*, Titel, Entstehungszeitraum, Entstehungsraum und/oder Präsentationsort wiedergeben und die vorliegende Medienart anhand typischer Kriterien bestimmen.	Nenne den Autor** und die Medienart.
		*Nenne den Autor** und die Medienart und überlege, was dies für den Adressatenkreis* des Mediums bedeutet.*
	Ich kann Hypothesen zum Adressatenkreis, zur Reichweite, zur Funktion, zur <u>*Perspektive*</u> und/oder zu/-r <u>*Intention/-en*</u> ableiten.	Erschließe aus den Erkenntnissen zum Autor** und der Medienart Hypothesen zum Adressatenkreis** des Mediums.
		*Erschließe aus den Erkenntnissen zum Autor** und der Medienart Hypothesen zum Adressatenkreis** des Mediums und leite daraus eine historische Frage ab.*
	Ich kann aus den Hypothesen eine historische Frage ableiten.	Erschließe aus den anhand der formalen Merkmale abgeleitete Hypothese eine historische Frage.

* Aus Platzgründen sind weibliche Genusformen und Plurale nicht ausgeführt, sondern müssen immer mitgedacht werden.
** Die Kategorien sind gemäß der jeweiligen Fragestellung zum konkret gewählten Medium aus der Fähigkeitsbeschreibung auszuwählen.

Ziel ist es, Schüler/-innen auf offen strukturierte Arbeitsaufträge vorzubereiten, weil letztlich nur mit solchen Kompetenzen ausgebildet werden können. Für Schüler/-innen, die beispielsweise imstande sind, den grünen, aber nicht den orangen Arbeitsauftrag zu lösen, wurden dafür kursiv gesetzte Übergangsaufträge formuliert. Sie sollen dazu dienen, Schüler/-innen auf komplexer werdende Anforderungen vorzubereiten bzw. den Übergang von einem Teilschritt zum nächsten zu erleichtern.

Die Festlegung auf einzelne Aspekte, deren separate Teilschritte und konkrete Arbeits- bzw. Übergangsaufträge obliegen Lehrenden bzw. Lernenden. Die Auswahl orientiert sich am konkretem Medium, einer historischer Frage und an individuellen Leistungsständen von Schülern und Schülerinnen.

Festlegung Stunden-/Teilziel am Beispiel des Aspekts Deutung

Auswahl Aspekt	**Deutung**
Berücksichtigung des (individuellen) Lernstandes	
Auswahl Fähigkeit	**Fähigkeit (z. B.):** Ich kann anhand der *Gestaltung* die Charakterisierung der erwähnten historischen Akteure, Ereignisse, Prozesse und Strukturen erschließen, die Kernaussage/-n zum *historischen Sachverhalt* ermitteln und als kulturell und historisch konnotierte/-s Werturteil/-e nachweisen.
Formulierung des Stunden-/Teilziels	**Stunden-/Teilziel (z. B.):** Die Schüler/-innen deuten die vorliegende Bewertung des historischen Sachverhalts, indem • sie die Charakterisierung des Akteurs erschließen • sie den Text als historisches Werturteil nachweisen.
Formulierung einzelner Arbeitsaufträge der jeweiligen Stundenbausteine	**Arbeitsaufträge (z. B.):** Erschließe die enthaltenen Kernaussagen zum historischen Sachverhalt und überlege, welche zeitgenössischen Normen und Werte diese beeinflusst haben.

Langfristig sollte es Schüler/-innen vorbehalten sein, selbst die für das ihnen vorliegende Medium und die von ihnen bearbeitete historische Fragestellung relevante Aspekte und Teilschritte auszuwählen. Dies ist nämlich die grundsätzliche Voraussetzung flexibel verschiedenste Medien historischen Lernens zur Beantwortung einer (eigenen) historischen Fragestellung analysieren zu können!

Mögliche Lernwege einer Unterrichtsstunde mit Fokus auf den Aspekt Deutung

Aspekt	Fähigkeiten	Arbeitsauftrag	Binnen-differenzierung
Stimmung/ Wirkung	Ich kann die Stimmung/Wirkung in Worte fassen, sie anhand der <u>Gestaltung</u> erklären und daraus eine Hypothese zur <u>Deutung</u> des Autors ableiten.	Erschließe aus der Stimmung/Wirkung die die Gestaltung auf Dich ausübt, eine Hypothese zur Deutung des Autors.	Beschreibe die Stimmung/Wirkung auf Dich. *Erkläre die Stimmung/Wirkung auf Dich und überlege, inwiefern der Autor die wahrgenommene Stimmung/Wirkung bewusst erzeugt, um seine Bewertung des Dargestellten zu vermitteln.*
formale Merkmale	Ich kann den Autor/Auftraggeber, Titel, Entstehungszeitraum, Entstehungsraum und/ oder Präsentationsort wiedergeben.	Nenne den Auftraggeber, Titel und Entstehungszeitraum des Gemäldes.	
historischer Sachverhalt	Ich kann das dargestellte Element/ die dargestellte Situation beschreiben, historische Personen/-gruppen, Lebewesen, Gegenstände (be-)nennen und den historischen Sachverhalt nachweisen.	*Benenne die abgebildeten historischen Personen* und ordne sie einem historischen Ereignis/Prozess zu bzw. ordne sie in eine historische Struktur/ein historisches Konzept ein.*	*Beschreibe die dargestellte Situation* und erschließe (Hinweise auf) die historische Person und die sie umgebenden Gegenstände.* *Benenne die dargestellten historischen Personen* und ordne sie einem historischen Ereignis/Prozess/ einer historischen Struktur/einem historischen Konzept zu.*

Aspekt	Fähigkeiten	Arbeitsauftrag	Binnen-differenzierung
Gestaltung	Ich kann vorhandene stilistische Gestaltungsmittel nennen, sie fachlich (als kulturell und historisch konnotiert) erklären.	Erkläre die Gestaltungsmittel.	*Nenne die Gestaltungsmittel und erschließe ihre damalige Bedeutung, indem du ggf. ein Nachschlagewerk nutzt.*
Deutung	Ich kann anhand der *Gestaltung* die Charakterisierung der erwähnten historischen Akteure, Ereignisse, Prozesse und Strukturen erschließen, die enthaltenen Kernaussage/-n zum *historischen Sachverhalt* erschließen und als kulturell und historisch konnotierte/-s Werturteil/-e nachweisen.	Weise nach, dass es sich um ein historisches Werturteil handelt.	*Erschließe die Charakterisierung des Akteurs und leite daraus die Bewertung des historischen Sachverhaltes ab.* *Erschließe die enthaltenen Kernaussagen zum historischen Sachverhalt und überlege, welche zeitgenössischen Normen und Werte diese beeinflusst haben.*

* Die Kategorien sind gemäß der jeweiligen Fragestellung zum konkret gewählten Medium aus der Fähigkeitsbeschreibung auszuwählen.

Das Raster zur Medienanalyse*

Aspekt: Formale Merkmale

Fähigkeit	Ich kann den Autor/Auftraggeber, Titel, Entstehungszeitraum, Entstehungsraum und/oder Präsentationsort wiedergeben und die vorliegende Medienart anhand typischer Kriterien bestimmen, daraus Hypothesen zum Adressatenkreis, zur Reichweite, zur Funktion, zur Perspektive und/oder zu/-r Intention/-en ableiten sowie daraus wiederum eine historische Frage ableiten.				
Arbeitsaufträge	Nenne den Autor** und die Medienart.	*Nenne den Autor** und die Medienart und überlege, was dies für den Adressatenkreis** des Mediums bedeutet.*	Erschließe aus den Erkenntnissen zum Autor** und der Medienart Hypothesen zum Adressatenkreis** des Mediums.	*Erschließe aus den Erkenntnissen zum Autor** und der Medienart Hypothesen zum Adressatenkreis** des Mediums und leite daraus eine historische Frage ab.*	Erschließe aus den anhand der formalen Merkmale abgeleiteten Hypothesen eine historische Frage.

Aspekt: Stimmung/Wirkung

Fähigkeit	Ich kann die Stimmung/Wirkung in Worte fassen, sie anhand der Gestaltung erklären und daraus eine Hypothese zur Deutung des Autors ableiten.				
Arbeitsaufträge	Beschreibe die Stimmung/Wirkung auf Dich.	*Beschreibe die Stimmung/Wirkung auf Dich und überlege, wodurch dein Empfinden erzeugt wird.*	Erkläre die Stimmung/Wirkung auf Dich.	*Erkläre die Stimmung/Wirkung auf Dich und überlege, inwiefern der Autor die wahrgenommene Stimmung/Wirkung bewusst erzeugt, um seine Bewertung des Dargestellten zu vermitteln.*	Erschließe aus der Stimmung/Wirkung die die Gestaltung auf Dich ausübt, eine Hypothese zur Deutung des Autors.

Aspekt: Gestaltung

Fähigkeit	Ich kann vorhandene graphische, stilistische, akustische und/oder plastische Gestaltungsmittel nennen,*** sie fachlich (als kulturell und historisch konnotiert) erklären und die zeitgenössische Auswahl und Verwendung der Gestaltungsmittel begründen.				
Arbeitsaufträge	Nenne die Gestaltungsmittel.	*Nenne die Gestaltungsmittel und erschließe ihre damalige Bedeutung, indem du ggf. ein Nachschlagewerk nutzt.*	Erkläre die Gestaltungsmittel.	*Erkläre die Gestaltungsmittel und überlege, warum gerade sie (so) verwendet wurden.*	Begründe die zeitgenössische Auswahl und Verwendung der Gestaltungsmittel.

Aspekt: Historischer Sachverhalt

Fähigkeit	Ich kann das dargestellte Element/die dargestellte Situation beschreiben, historische Personen/-gruppen, Lebewesen, Gegenstände (be-)nennen und den historischen Sachverhalt nachweisen.				
Arbeitsaufträge	Beschreibe die dargestellte Situation**.	*Beschreibe die dargestellte Situation** und erschließe (Hinweise auf) historische Personen**.*	Benenne die dargestellten historischen Personen**.	*Benenne die dargestellten historischen Personen** und ordne sie einem historischen Ereignis/Prozess/einer historischen Struktur/einem historischen Konzept zu.*	Weise den historischen Sachverhalt nach.

Aspekt: Deutung

Fähigkeit	Ich kann anhand der *Gestaltung* die Charakterisierung der erwähnten historischen Akteure, Ereignisse, Prozesse und Strukturen erschließen, die enthaltenen Kernaussage/-n zum *historischen Sachverhalt* ermitteln und als kulturell und historisch konnotierte/-s Werturteil/-e nachweisen.				
Arbeitsaufträge	Erschließe (anhand der Gestaltung) die Charakterisierung der Akteure**.	*Erschließe die Charakterisierung der Akteure** und leite daraus die Bewertung des historischen Sachverhaltes ab.*	Erschließe die enthaltenen Kernaussagen zum historischen Sachverhalt.	*Erschließe die enthaltenen Kernaussagen zum historischen Sachverhalt und überlege, welche zeitgenössischen Normen und Werte diese beeinflusst haben.*	Weise nach, dass es sich um ein historisches Werturteil handelt.

Aspekt: Intention/-en

Fähigkeit	Ich kann mithilfe der *formalen Merkmale* und des historischen Kontextes den/die Adressaten ermitteln, über die *Deutung* und die Adressaten die Intention/-en erschließen und sie hinsichtlich zeitgenössischer Handlungsoptionen und -zwänge begründen.				
Arbeitsaufträge	Erschließe den/die Adressaten.	*Erschließe den/die Adressaten und überlege, warum (gerade) er/sie von der Bewertung des historischen Sachverhalts überzeugt werden sollte/-n.*	Erschließe die Intention/-en.	*Erschließe die Intention/-en und überlege unter Berücksichtigung der Perspektive, warum der Autor/Auftraggeber diese Absicht/-en verfolgte.*	Begründe die Intention/-en mit zeitgenössischen Handlungsmotiven und/oder -alternativen.

Aspekt: Perspektive

Fähigkeit	Ich kann anhand der *formalen Merkmale* die Perspektive nennen und mithilfe des historischen Kontextes die fachliche Triftigkeit der Argumentation und/oder Kernaussage/-n prüfen, die Auswahl und *Gestaltung* der historischen Akteure, Ereignisse, Prozesse und Strukturen anhand ihrer *Deutung* erklären und die Auslassungen und/oder Widersprüche der Narration begründen.				
Arbeitsaufträge	Nenne anhand der formalen Merkmale die Perspektive und beurteile mithilfe des historischen Kontextes, inwiefern die Argumentation** fachlich korrekt ist.	*Nenne anhand der formalen Merkmale die Perspektive, beurteile mithilfe des historischen Kontextes, inwiefern die Argumentation** fachlich korrekt ist und überlege, welche Auswirkungen die Perspektive auf die Auswahl und Darstellung der Akteure** hat.*	Erkläre die Auswahl und Darstellung der Akteure** anhand ihrer Gestaltung und Bewertung.	*Erkläre die Auswahl und Darstellung der Akteure** und überlege, inwiefern dies Auslassungen und/oder Wiedersprüche begründet.*	Begründe die Auslassungen und/oder Widersprüche der Narration.

Aspekt: Schriftzeichen/-systeme

Fähigkeit	Ich kann verschiedene Schriftzeichen beschreiben, typische Merkmale einzelner Schriftsysteme zusammenfassen und als historisch nachweisen.				
Arbeitsaufträge	Beschreibe die vorliegenden Schriftzeichen.	*Beschreibe die vorliegenden Schriftzeichen und formuliere Schlagworte für das System.*	Fasse das Schriftzeichensystem zusammen.	*Fasse das Schriftzeichensystem zusammen und ordne es zeitlich ein.*	Weise das/die Schriftsystem/-e als historisch nach.

Aspekt: Unbekannte (Fach-)Begriffe

Fähigkeit	Ich kann unbekannte (Fach-)Begriffe nennen, sie fachwissenschaftlich (als kulturell und historisch konnotiert) erklären sowie ihre Verwendung im Medium begründen.				
Arbeitsaufträge	Nenne dir unbekannte Begriffe.	*Erschließe aus dem Zusammenhang und einem Nachschlagewerk die Bedeutung der dir unbekannten Begriffe.*	Erkläre dir unbekannte Begriffe.	*Erkläre dir unbekannte Begriffe und überlege, warum sie verwendet werden.*	Begründe die Verwendung dir unbekannter Begriffe.

Aspekte: Lagebeziehungen/Standortfaktoren (Karten)

Fähigkeit	Ich kann die für die historische Fragestellung relevanten *Gestaltungs*mittel und Kartenelemente mithilfe der Legende auswählen, sie in der Karte verorten und geographische und historische Informationen zu einer Aussage verknüpfen und diese durch Zusammenhänge von Karteninhalten (Lagebeziehungen/Standortfaktoren) erklären.				
Arbeitsaufträge	Nenne (mithilfe der Legende) die Gestaltungsmittel und Kartenelemente, die du zur Beantwortung der historischen Frage benötigst.	*Nenne (mithilfe der Legende) die Gestaltungsmittel und Kartenelemente, die du zur Beantwortung der historischen Frage benötigst. Verorte sie in der Karte und beschreibe die Beziehung zwischen historischer und geographischer Information.*	Erschließe die Beziehung zwischen historischer und geographischer Information.	*Erschließe die Beziehung zwischen historischer und geographischer Information und überlege, inwiefern Lagebeziehung-en/Standortfaktoren sie erklären.*	Begründe anhand der Karte die historischen Entwicklungen/Zustände, die durch die historische Frage aufgeworfen wurden.

Aspekt: historisch-geographischer Raum (Karten)

Fähigkeit	Ich kann Landschaftsumrisse und/oder Siedlungsnamen identifizieren, den abgebildeten geographischen Raum erschließen und ihn als historisch nachweisen.				
Arbeitsaufträge	Nenne dir bekannte Landschaftsumrisse und Siedlungsnamen.	*Nenne dir bekannte Landschaftsumrisse und Siedlungsnamen und gleiche den dargestellten Raum mit heutigen geographischen Räumen ab.*	Erschließe den dargestellten geographischen Raum.	*Erschließe den dargestellten geographischen Raum und untersuche ihn im Vergleich zum heutigen hinsichtlich Kontinuität und Wandel.*	Weise den abgebildeten Raum als historisch nach.

Aspekt: historischer Gebrauchswert und soziales Zeichen (gegenständliche Quellen)

Fähigkeit	Ich kann das Material beschreiben und die technische Funktionsweise erklären, mithilfe des historischen Kontextes den materiellen Wert und den allgemeinen/gesellschaftlichen Nutzen erschließen sowie die historische Bedeutung nachweisen.			
Arbeitsaufträge	Beschreibe das Material und erkläre wenn möglich die technische Funktionsweise.	*Beschreibe das Material und erkläre wenn möglich die technische Funktionsweise. Überlege, wofür der Gegenstand gebraucht wurde.*	Erschließe mithilfe des historischen Kontextes den materiellen Wert und den allgemeinen/gesellschaftlichen Nutzen.	*Erschließe mithilfe des historischen Kontextes den materiellen Wert und den allgemeinen/gesellschaftlichen Nutzen und überlege, was der Besitz und/oder die Nutzung über den/die Besitzer/-in aussagt.*	Weise die historische Bedeutung nach.

Aspekt: Mengenverhältnisse (Statistiken)

Fähigkeit	Ich kann die den historischen Personen/-gruppen, Lebewesen, Gegenständen, Ereignissen, Jahreszahlen zugewiesenen Zahlen nennen, das Mengenverhältnis zwischen ihnen beschreiben und statistische Aussagen formulieren.			
Arbeitsaufträge	Nenne die den Personen** zugewiesenen Zahlen.	*Nenne die den Personen** zugewiesenen Zahlen und beschreibe die Beziehung zwischen den einzelnen unter einer Zahlenangabe zusammengefassten Gruppe/Kategorie.*	Beschreibe das Mengenverhältnis zwischen den Personen**.	*Beschreibe das Mengenverhältnis zwischen den Personen** und überlege, worin das Verhältnis begründet liegt.*	Erschließe statistische Aussagen.

Aspekt: Abhängigkeitsverhältnisse (Schemata)

Fähigkeit	Ich kann die den *Gestaltung*smitteln und den Elementen des Schemas zugewiesene historischen Personen/-gruppen, Institutionen/Gremien, Lebewesen, Gegenständen, Strukturen, Ereignisse und Prozesse nennen, das/die Abhängigkeitsverhältnis/-se zwischen ihnen beschreiben und daraus Aussagen zur hierarchischen Ordnung/zu den Machtverhältnissen des dargestellten Systems ableiten.				
Arbeitsaufträge	Nenne die den Gestaltungsmitteln und Elementen des Schemas zugewiesenen Personen**.	*Nenne die den Gestaltungsmitteln und Elementen des Schemas zugewiesenen Personen** und beschreibe die Beziehung zwischen ihnen.*	Beschreibe das/die Abhängigkeitsverhältnis/-se zwischen den Personen**.	*Beschreibe das/die Abhängigkeitsverhältnis/-se zwischen den Personen** und ordne es theoretischen Vorstellungen von hierarchischer Ordnung/Machtausübung zu.*	Erschließe die hierarchische Ordnung/Machtverhältnisse.

* Aus Platzgründen sind weibliche Genusformen und Plurale nicht ausgeführt, sondern müssen immer mitgedacht werden.
** Die Kategorien sind gemäß der jeweiligen Fragestellung zum konkret gewählten Medium aus der Fähigkeitsbeschreibung auszuwählen.
*** Hierunter sind vor allem Farben, symbolische Zeichen und Proportionen (graphische Gestaltungsmittel), sprachliche Mittel und stilistische Figuren (stilistische Gestaltungsmittel), Melodie, Rhythmus, Töne und Instrumente (akustische Gestaltungsmittel) sowie Proportion und Materialauswahl (plastische Gestaltung) gefasst. Eine Erweiterung oder Reduzierung ist in Abhängigkeit des Mediums und der Fragestellung nötig.

Praxisteil – Stundenbausteine für Kompetenzorientierung und Binnendifferenzierung

Grundsätzlich gibt es zwei Varianten mit Hilfe des Rasters (binnen-) zu differenzieren. Eine Möglichkeit besteht darin, die Denkoperation eines Aspektes mit deren zugewiesenen Arbeitsaufträgen schrittweise anzubahnen (s. S. 22–24). Eine zweite Möglichkeit der Differenzierung wird durch das Stellen bzw. Weglassen von Arbeitsaufträgen zu einzelnen Aspekten erreicht, die als Voraussetzung zur Bearbeitung des ausgewählten Aspektes gelten (s. S. 15). Selbstverständlich lassen sich auch beide Möglichkeiten kombinieren.

Das Beispiel 1 ist explizit auf Binnendifferenzierung ausgerichtet. Die geforderte Denkoperation ist in allen Gruppen identisch. Der Anspruch der Arbeitsaufträge variiert jedoch entsprechend des Leistungsniveaus in den Gruppen 1 bis 3. Die Differenzierung erfolgt nach den beiden genannten grundsätzlichen Varianten.

Die weiteren Beispiele zeigen einen oder mehrere Stundenbausteine. Werden mehrere Stundenbausteine angeboten, wird dazu geraten, sie bewusst auszuwählen und lernzielorientiert in verschiedenen Stunden einzusetzen.

Beispiel 1: Ermittlung der *Perspektive* aus Texten (binnendifferenzierend)

Möglichkeit zur Binnendifferenzierung 1

Auswahl des erforderlichen Aspektes aus dem Raster:

A) Perspektive

Auswahl der Arbeitsaufträge aus dem jeweiligen Aspekt für Gruppe 1:

A1) Nenne anhand der formalen Merkmale die Perspektive und beurteile mithilfe des historischen Kontextes, inwiefern die Argumentation fachlich korrekt ist.

A2) Erkläre die Auswahl und Darstellung der Akteure anhand ihrer Gestaltung und Bewertung.

A3) Begründe die Auslassungen und/oder Widersprüche der Narration.

Auswahl der Arbeitsaufträge aus dem jeweiligen Aspekt für Gruppe 2:

A1) *Benenne anhand der formalen Merkmale die Perspektive, beurteile mithilfe des historischen Kontextes, inwiefern die Argumentation fachlich korrekt ist und überlege, welche Auswirkungen die Perspektive auf die Auswahl und Darstellung der Akteure hat.*

A2) *Erkläre die Auswahl und Darstellung der Akteure und überlege, inwiefern dies Auslassungen und/oder Widersprüche begründet.*

Auswahl der Arbeitsaufträge aus dem jeweiligen Aspekt für Gruppe 3:

A) Begründe die Auslassungen und/oder Widersprüche der Narration.

Möglichkeit zur Binnendifferenzierung 2

Auswahl des erforderlichen Aspektes aus dem Raster:

A) Formale Merkmale *(Gruppe 1, 2 und 3)*
B) Gestaltung *(nur Gruppe 1)*
C) Historischer Sachverhalt *(nur Gruppe 1)*
D) Deutung *(nur Gruppe 1 und 2)*
E) Perspektive *(Gruppe 1, 2 und 3)*

Auswahl der Arbeitsaufträge aus dem jeweiligen Aspekt für Gruppe 1:

A) *Arbeite aus den Erkenntnissen zum Autor und der Medienart Hypothesen zur Perspektive heraus und leite daraus eine historische Frage ab.*

B) *Erkläre die Gestaltungsmittel und überlege, warum gerade sie (so) verwendet wurden.*

C) *Benenne die dargestellten historischen Personen und ordne sie einem historischen Prozess zu.*
D) *Erschließe die Charakterisierung der Akteure und leite daraus die Bewertung des historischen Sachverhaltes ab.*
E) *Erkläre die Auswahl und Darstellung der Akteure und überlege, inwiefern dies Auslassungen und/oder Wiedersprüche begründet.*

Auswahl der Arbeitsaufträge aus dem jeweiligen Aspekt für Gruppe 2:
A) *Erschließe aus den Erkenntnissen zum Autor und der Medienart Hypothesen zur Perspektive und leite daraus eine historische Frage ab.*
D) *Erschließe die Charakterisierung der Akteure und leite daraus die Bewertung des historischen Sachverhaltes ab.*
E) *Erkläre die Auswahl und Darstellung der Akteure und überlege, inwiefern dies Auslassungen und/oder Widersprüche begründet.*

Auswahl der Arbeitsaufträge aus dem jeweiligen Aspekt für Gruppe 3:
A) *Erschließe aus den Erkenntnissen zum Autor und der Medienart Hypothesen zur Perspektive und leite daraus eine historische Frage ab.*
E) *Erkläre die Auswahl und Darstellung der Akteure und überlege, inwiefern dies Auslassungen und/oder Widersprüche begründet.*

M ***Otto von Bismarck, Emser Depesche, 13. Juli 1870***

Nachdem die Nachrichten von der Entsagung des Erbprinzen von Hohenzollern der Kais. Französischen Regierung von der Königl. Spanischen amtlich mitgetheilt worden sind, hat der Französ. Botschafter in Ems an Se. Majestät den König noch die Forderung gestellt, ihn zu authorisiren, daß er nach Paris telegrafiere, daß Se. Majestät der König sich für alle Zukunft verpflichte, niemals wieder seine Zustimmung zu geben, wenn die Hohenzollern auf ihre Candidatur wieder zurückkommen sollten. Se. Majestät der König hat es darauf abgelehnt, den Französ. Botschafter nochmals zu empfangen, und demselben durch den Adjutanten vom Dienst sagen lassen, daß S. Majestät den Botschafter nichts weiter mitzutheilen habe.

Zitiert nach: Albrecht Lohmann: Das Auswärtige Amt, Düsseldorf, 1966, S. 69.

Arbeitswissen

Nach dem Sturz der spanischen Königin Isabelle II. im September 1868 suchten die Putschisten in ganz Europa nach einem neuen König. Als einen Kandidaten wählten sie Prinz Leopold aus dem im heutigen Baden-Württemberg gelegenen Fürstentum Sigmaringen. Leopold entstammte dem Haus der Hohenzollern, jener Dynastie, die mit Wilhelm I. den preußischen König stellte. Seine Bewerbung erfolgte auf Drängen des preußischen Ministerpräsidenten und Kanzlers des 1866 nach Kriegen gegen Dänemark und Österreich-Ungarn gegründeten Norddeutschen Bundes. Bismarck wollte damit den Einfluss Preußens in Europa steigern. Anfang Juli 1870 wurde bekannt, dass Leopold zum spanischen König gekrönt werden sollte. Die französische Regierung drohte mit Krieg. Leopold zog wenige später seine Kandidatur zurück. Die französische Regierung verlangte daraufhin, dass sich Wilhelm I. als Haupt der Dynastie für die Kandidatur von Leopold entschuldigen solle. Wilhelm I., der sich in Bad Ems im Herzogtum Nassau aufhielt, lehnte dies ab und beauftragte Bismarck, die Presse darüber zu informieren.

Eigene Darstellung. Vgl. Eberhard Kolb: Der Kriegsausbruch 1870: Politische Entscheidungsprozesse und Verantwortlichkeiten in der Julikrise 1870, Göttingen 1970.

Beispiel 2: Ermittlung des *historischen Sachverhalts* aus Karten (Klasse 6)

Didaktischer Hinweis: Die Kartentitel wurden in den Stunden 1 und 2 aus dem Material entfernt, da sie den historischen Sachverhalt benennen. Andernfalls wäre die geforderte Denkleistung nicht nötig, da ein bloßes Wiedergeben des Kartentitels zur Ermittlung des historischen Sachverhaltes ausreichend wäre. In Stunde 3 kann der Kartentitel als Hilfestellung sichtbar bleiben, da die geforderte Denkleistung darüber hinausgeht.

Auswahl der erforderlichen Aspekte aus dem Raster:
A) Historisch-geographischer Raum
B) Lagebeziehungen/Standorte
C) Historischer Sachverhalt

Stundenbaustein 1: Wie verbreitete sich der Mensch auf der Erde?

Auswahl der Arbeitsaufträge aus den jeweiligen Aspekten:
A) Erschließe den dargestellten geographischen Raum.
B) Nenne mithilfe der Legende die Gestaltungmittel und Kartenelemente, die du zur Beantwortung der historischen Frage benötigst.
C) *Beschreibe die dargestellte Situation und erschließe Hinweise auf historische Personen und Personengruppen.*

M Karte zur vermutlichen Ausbreitung des Menschen

Die Reise in die Vergangenheit 6, Ausgabe Mecklenburg-Vorpommern, Westermann Verlag, 2008, S. 27.

Arbeitswissen

Die ältesten Menschenknochen und Steinwerkszeuge wurden im südlichen und östlichen Afrika ausgegraben. Auf der Suche nach dem ältesten Menschen fanden Wissenschaftler 1974 Überreste eines Vormenschen. Sie nannten das Skelett „Lucy“. Lucy ist ungefähr 3,2 Millionen Jahre alt, war 1 Meter groß und wog ungefähr 30 Kilogramm. Jahre später wurde in der Sahel-Zone ein sechs bis sieben Millionen Jahre alten Schädel gefunden. Die Forscher nannten diesen bislang ältesten Fund eines Vormenschen Toumai („Hoffnung auf Leben“). Im Laufe der Jahre entwickelten sich aus den Vormenschen die Frühmenschen. Sie waren anfangs nur 1,30 Meter groß, verfügten aber schon über ein wesentlich größeres Gehirn als die Vormenschen. Die nächste Entwicklungsstufe sind die Altmenschen. Sie waren etwa so groß wie die Frühmenschen. Eine Gruppe der Altmenschen sind die Neandertaler. […] Diese kräftigen Menschen starben zwischen 30.000 und 25.000 v. Chr. aus. Die nächste Entwicklungsstufe sind die Jetztmenschen – die heutigen Menschen.

Die Reise in die Vergangenheit 6, Ausgabe Mecklenburg-Vorpommern, Westermann Verlag, 2008, S. 26 f.; gekürzt und bearbeitet.

Stundenbaustein 2: Wie verbreitete sich der Mensch auf der Erde?

Auswahl der Arbeitsaufträge:

A) Erschließe den dargestellten geographischen Raum.

B) *Nenne mithilfe der Legende die Gestaltungsmittel und Kartenelemente, die du zur Beantwortung der Leitfrage benötigst. Verorte sie in der Karte und beschreibe die Beziehung zwischen historischer und geographischer Information.*

C) *Benenne die dargestellten historischen Personengruppen und ordne sie einem historischen Prozess zu.*

M *Karte zur vermutlichen Ausbreitung des Menschen*

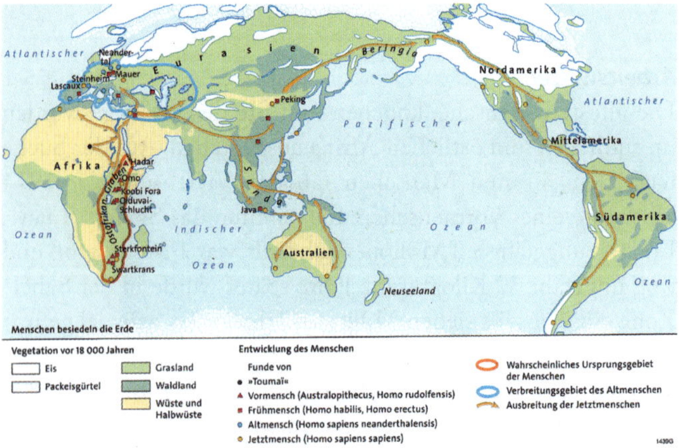

denk|mal Geschichte 5/6, Ausgabe Niedersachsen, Schroedel Verlag, 2009, S. 32; bearbeitet.

Arbeitswissen

Siehe Stunde 1.

Stundenbaustein 3: Wie breitete sich die neolithische Revolution aus?

Auswahl der Arbeitsaufträge aus den jeweiligen Aspekten:

A) Erschließe den dargestellten geographischen Raum.

B) *Nenne mithilfe der Legende die Gestaltungsmittel und Kartenelemente, die du zur Beantwortung der Leitfrage benötigst. Verorte sie in der Karte und beschreibe die Beziehung zwischen sachlicher und geographischer Information.*

C) Weise den historischen Sachverhalt nach.

M *Karte zur Ausbreitung des Ackerbaus*

Die Reise in die Vergangenheit 6, Ausgabe Mecklenburg-Vorpommern, Westermann Verlag, 2008, S. 36.

Arbeitswissen

Im Laufe des 8. Jahrtausends v. Chr. erzeugten die Menschen die Güter, die sie zum Leben brauchten, zunehmend selbst: Während sie zuvor als Nomade, ihre Nahrung jagten und sammelten, fingen sie nun an diese zu produzieren, indem sie den Boden bebauten und Tiere hielten. Sie waren sesshaft geworden. Die Menschen fingen an, Körner von wilden Gräsern zu sammeln. Wahrscheinlich bemerkten sie, dass an der Stelle, wo sie die Körner liegen geblieben waren, im nächsten Jahr neue Pflanzen wuchsen. Dadurch kamen sie auf die Idee nicht alle Körner zu verbrauchen, sondern sie im nächsten Frühjahr absichtlich in den Boden zu stecken. So legten sie in der Nähe ihrer Behausungen kleine Äcker mit Wildgräsern an. Die Menschen lernten es auch, bestimmte Wildtiere einzufangen. Sie sperrten die Tiere in Gehege, fütterten und pflegten sie, um sie im Winter zu schlachten. Aus Wildziegen, Wildschafen, Wildrindern und Wildschweinen wurden Haustiere. Nun waren die Menschen nicht mehr nur auf ihr Jagdglück angewiesen. Sie rodeten die Wälder in günstigen Gegenden und legten dort ihre Siedlungen an. Dabei stießen sie sich auch auf Gruppen von Jägern und Sammlern, die hier ihr Jagdrevier hatten. Diese versuchten, die Eindringlinge zu vertrieben. Wenn ihnen das nicht gelang, mussten sie sich selbst in andere Gebiete zurückziehen oder von den anderen lernen.

Die Reise in die Vergangenheit 6, Ausgabe Mecklenburg-Vorpommern, Westermann Verlag, 2008, S. 36; gekürzt und bearbeitet.

Beispiel 3: Ermittlung der *Intention/-en* aus Plakaten (Klasse 9)

Auswahl der erforderlichen Aspekte aus dem Raster:

A) Formale Merkmale
B) Gestaltung
C) Historischer Sachverhalt
D) Deutung
E) Intention/-en

Stundenbaustein 1: Welche Absichten wurden mit dem Plakat verfolgt?

Auswahl der Arbeitsaufträge aus den jeweiligen Aspekten:

A) Nenne die Medienart, den Entstehungsraum und den Entstehungszeitraum.
B) *Nenne die Gestaltungsmittel und erschließe ihre damalige Bedeutung.*
C) *Beschreibe die dargestellte Situation und erschließe (Hinweise auf) historische Personen bzw. -gruppen.*
D) Erschließe (anhand der Gestaltung) die Charakterisierung der Akteure.
E) *Erschließe die Adressaten und überlege, warum (gerade) sie von der Bewertung des historischen Sachverhalts überzeugt werden sollten.*

M Plakat „Hände weg vom Ruhrgebiet"

Theo Mateijko im Auftrag der Kultur Liga, einer um 1919 gegründeten konservativen Vereinigung, Berlin 1923.

Arbeitswissen

Die weibliche Figur auf dem Plakat ist eine Darstellung der französischen Nationalfigur Marianne. Als Symbol der französischen Republik steht sie für Freiheit und Demokratie.

Ende Dezember 1922 stellte die alliierte Reparationskommission einen Lieferrückstand deutscher Reparationen an Frankreich fest. Im Januar 1923 marschierten daraufhin fünf französische Divisionen und einige belgische Einheiten ins Ruhrgebiet ein. Im besetzten Gebiet verhängten die Franzosen sofort den Ausnahmezustand. Mit dem Einmarsch sollte zugleich der Versailler Vertrag zugunsten Frankreichs revidiert und die deutsche Westgrenze nach Osten verschoben werden. In Deutschland löste der Einmarsch parteiübergreifende Entrüstung aus. Die Reichsregierung forderte die Bevölkerung im Ruhrgebiet zum passiven Widerstand auf. Beamten etwa wurde es verboten, Befehle der Besatzer zu befolgen. Die Besatzungsbehörden reagierten mit der Ausweisung. Insgesamt mussten zwischen 120.000 und 150.000 Menschen das Ruhrgebiet und das seit 1919 besetzte Rheinland verlassen. Neben dem passiven Widerstand entwickelte sich auch aktiver Widerstand. Nationalisten und Kommunisten verübten – teilweise gemeinsam – Sabotage- und Sprengstoffanschläge. Ihnen drohten Gefängnis und die Todesstrafe. In Essen erschossen die französischen Besatzer am 31. März 13 streikende Krupp-Arbeiter und wenig später in Dortmund sieben Männer, die eine von der Besatzungsmacht verhängte Ausgangssperre überschritten hatten. Zum Tode verurteilte Saboteure wie der Nationalsozialist Albert Schlageter wurden in Deutschland zu Märtyrern. Streiks, die wirtschaftliche Absperrung des Ruhrgebiets und Produktionsausfälle ruinierten die deutsche Wirtschaft. Der Versuch der Franzosen im Rheinland, in Rheinhessen und in der Pfalz eigeneständige Staaten zu gründen (Rheinische Republik, Autonome Pfalz) scheiterte am Widerstand der Bevölkerung.

Arnulf Scriba, Deutsches Historisches Museum, Berlin 2014, veröffentlicht unter: https://www.dhm.de/lemo/kapitel/weimarer-republik/aussen politik/ruhrbesetzung-1923.html.

Stundenbaustein 2: Welche Absichten wurden mit dem Plakat verfolgt?

Auswahl der Arbeitsaufträge aus den jeweiligen Aspekten:

A) *Nenne den Autor und die Medienart und überlege, was dies für den Adressatenkreis des Mediums bedeutet.*

B) *Erkläre die Gestaltungsmittel und überlege, warum gerade sie (so) verwendet wurden.*

C) Benenne die dargestellten historischen Personen bzw. -gruppen.

D) *Erschließe die Charakterisierung der Akteure und leite daraus die Bewertung des historischen Sachverhaltes ab.*

E) Erschließe die Intention/-en.

M **Plakat „Gegen Hunger und Verzweiflung" zur Reichspräsidentenwahl im März 1932**

Hans Schweitzer im Auftrag der NSDAP.

Arbeitswissen

Am 25. April 1932 endet die Amtszeit des Reichspräsidenten Paul von Hindenburgs. Reichskanzler Heinrich Brüning (Zentrum) wünschte sich eine Wiederwahl Hindenburgs. Brüning plante die Direktwahl des Präsidenten aus der Verfassung zu nehmen, um die Amtszeit verlängern zu können. Der Plan, der eine Verfassungsändernde Zweidrittelmehrheit bedurfte, scheiterte nicht zuletzt an der Weigerung der DNVP und der NSDAP. Hitler schlachtete Brünings Vorhaben politisch für sich aus, indem er sich als Hüter der Verfassung stilisierte. Im Wahlkampf kritisierte die NSDAP die durch § 48 der Reichsverfassung mögliche Notverordnungspolitik der letzten Jahre, die im Vorhaben Brünings einen Höhepunkt erfahren habe. Unvermögen warf Hitler Brüning auch in der Wirtschaftspolitik vor. Die Spar- und Deflationspolitik sei konjunkturschädigend und Schuld am Anstieg der Arbeitslosigkeit, die im Januar 1932 6 Millionen Menschen betraf. Um den Staat zu entlasten, wurde die Leistungsdauer der Arbeitslosenversicherung von 20 auf sechs Wochen zurückgenommen. Viele Arbeitslose wurden so der Sozialfürsorge überlassen, die das Existenzminimum nicht annähernd gewährleistete. In vielen Fällen konnten Arbeitslose die Miete nicht bezahlen. Die Zahl der Obdachlosen stieg.

Eigene Darstellung. Vgl. Hans Mommsen: Aufstieg und Untergang der Republik von Weimar. 1918 – 1933, überarbeitete und aktualisierte Ausgabe, Berlin 1998.

Stundenbaustein 3: Welche Absichten wurden mit dem Plakat verfolgt?

Auswahl der Arbeitsaufträge aus den jeweiligen Aspekten:

A) Erschließe aus den Erkenntnissen zum Autor und der Medienart Hypothesen zum Adressatenkreis des Mediums.

B) Begründe die zeitgenössische Auswahl und Verwendung der Gestaltungsmittel.

C) *Benenne die dargestellten historischen Personen und ordne sie einem historischen Prozess zu.*

D) Erschließe die enthaltenen Kernaussagen zum historischen Sachverhalt.

E) Erschließe die Intention/-en.

M ***Die Arbeiter sind erwacht. Wir wählen Nationalsozialisten Liste 2, Plakat zur Reichstagswahl im Juli 1932***

Felix Albrecht im Auftrag der NSDAP.

Person links im Bild: „Für Sowjetrussland. China den Chinesen. Schlagt die Faschisten. Bürgerkrieg. Klassenkampf"; Person mit roter Mütze: „Hitlerbarone! Notverordnungen. Hetze und Verleumdungen. Die Bonzen im Speck, das Volk im Dreck"; Die Person unten rechts im Bild stellt Heinrich Brüning, den Reichskanzler dar.

Arbeitswissen

Der Begriff „Notverordnung“ selbst findet sich nicht im Artikel 48 der Weimarer Verfassung. Der Artikel übertrug im Falle eines Ausnahmezustandes die polizeilichen Befugnisse dem Reichspräsidenten. Hieraus wurde das Recht abgeleitet, Verordnungen mit Gesetzeskraft zu erlassen, sogenannte Notverordnungen. Anfänglich war nur an wirkliche Ausnahmesituationen gedacht. Die erste Anwendung fand der Artikel anlässlich des Hitler-Putsches. Nach dem Bruch der Großen Koalition im März 1930 bot das Recht, Notverordnung zu erlassen, die Möglichkeit einerseits überhaupt eine Regierung einzusetzen und anderseits trotz fehlender Mehrheit im Parlament, Gesetze zu erlassen. Der erste nicht vom Parlament gewählte, sondern vom Reichspräsidenten Paul von Hindenburg ernannte Reichskanzler war Heinrich Brüning. Das sogenannte Präsidialkabinett Brüning, dem weitere folgen sollten, stellte einen Bruch mit dem Parlamentarismus dar. Im Jahr 1931 standen 34 vom Reichstag verabschiedeten Gesetzen 44 Notverordnungen gegenüber. Das Parlament hatte somit nicht alle Macht verloren. In Brünings Regierungszeit verhinderten sowohl die den Reichskanzler stellende Regierungspartei (Zentrum) als auch die oppositionelle SPD mit den ihnen verfassungsrechtlich gebliebenen Mitteln die Durchsetzung von Notverordnungen.

In der Wahlpropaganda der deutschnationalen und völkischen Parteien spielte die Dolchstoßlegende eine entscheidende Rolle. Als Dolchstoß bezeichnete 1918 die deutschen Obersten Heeresleitung das Verhalten der Sozialdemokratie und anderer demokratischer Gruppierungen. Ihnen wurde vorgeworfen, dem „im Felde unbesiegt“ gebliebenen Heer aus der Heimat einen „Dolchstoß von hinten“ gegeben zu haben. Die Revolution und nicht der Feind habe Deutschland militärisch besiegt. Antisemiten verknüpften „innere“ und „äußere Reichsfeinde“ als „Schuldige“ der Niederlage, indem sie die Vorstellung von einem die Medien und die Parteien kontrollierenden „internationalen Judentum“ entwickelten.

Eigene Darstellung. Vgl. Lars-Broder Keil, Sven F. Kellerhoff: Deutsche Legenden. Vom „Dolchstoß“ und anderen Mythen der Geschichte. Linksverlag, Berlin 2002. Detlev J. K. Peukert: Die Weimarer Republik. Krisenjahre der Klassischen Moderne. Frankfurt/M. 1987.

Beispiel 4: Entwicklung historischer Fragestellungen anhand der *formalen Merkmale* aus Gemälden (Klasse 8)

Didaktischer Hinweis: Da die Schüler/-innen hier Fragen für die Stunde herausarbeiten, wird auf die Formulierung einer Leitfrage für die einzelnen Stunden verzichtet.

Auswahl der erforderlichen Aspekte aus dem Raster:

A) Formale Merkmale

Stundenbaustein 1

Auswahl der Arbeitsaufträge aus dem jeweiligen Aspekt:

A1) Nenne (ggf. recherchiere) den Künstler, den Auftraggeber, den Entstehungszeitraum, den Entstehungsraum und den zeitgenössischen Präsentationsort.

A2) *Überlege, was dies für die Funktion des Gemäldes oder die Intention/-en des Künstlers bzw. Auftraggebers bedeutet.*

A3) Erschließe aus den anhand der formalen Merkmale abgeleiteten Hypothesen eine historische Frage.

M Ludwig XIV.

Öl auf Leinwand, Hyacinthe Rigaud, Auftraggeber Ludwig XIV, 1701/2, 2,8mx1,9m, Thronsaal im Schloss Versailles (damals), Louvre (heute).

Stundenbaustein 2

Auswahl der Arbeitsaufträge aus dem jeweiligen Aspekt:

A1) Erschließe aus den Erkenntnissen zum Künstler, Auftraggeber, Entstehungszeitraum, Entstehungsraum und zeitgenössischen Präsentationsort eine Hypothese zur Funktion des Gemäldes und zu/-r Intention/-en des Künstlers bzw. Auftraggebers.

A2) Erschließe aus den anhand der formalen Merkmale abgeleiteten Hypothesen eine historische Frage.

M ***Ludwig XV.***

Öl auf Leinwand, Hyacinthe Rigaud, Auftraggeber Ludwig XV. 1730.

Stundenbaustein 3

Auswahl des Arbeitsauftrages aus dem jeweiligen Aspekt:

A) Erschließe aus den anhand der formalen Merkmale abgeleiteten Hypothesen eine historische Frage.

M ***Napoleon***

Öl auf Leinwand, Andrea Appiani, 1805, 100 × 75 cm, Kunsthistorisches Museum Wien (heute).

Beispiel 5: Ermittlung der *Intention/-en* aus Texten (Klassen 7 und 11)

Didaktischer Hinweis: Die Auswahl der für die Erarbeitung der Intention/-en erforderlichen Aspekte wird dem Leistungsniveau der Sekundarstufe II angepasst.

Auswahl der erforderlichen Aspekte aus dem Raster:
A) Formale Merkmale *(Klasse 7 und 11)*
B) Historischer Sachverhalt *(nur Klasse 7)*
C) Deutung *(nur Klasse 7)*
D) Intention/-en *(Klasse 7 und 11)*

Stundenbaustein 1: Welche Absichten werden mit der Gründung von Städten verfolgt? (Klasse 7)

Auswahl der Arbeitsaufträge aus den jeweiligen Aspekten:
A) *Nenne den Autor und die Medienart und überlege, was dies für den Adressatenkreis des Mediums bedeutet.*
B) *Beschreibe die dargestellte Situation und erschließe Hinweise auf historische Personen.*
C) Erschließe die enthaltenen Kernaussagen zum historischen Sachverhalt.
D) *Erschließe die Adressaten und überlege, warum gerade sie von der Bewertung des historischen Sachverhalts überzeugt werden sollten.*

Stundenbaustein 2: Welche Absichten werden mit der Gründung von Städten verfolgt? (Klasse 11)

Auswahl der Arbeitsaufträge aus den jeweiligen Aspekten:
A) Erschließe aus den formalen Merkmalen und der Medienart Hypothesen zum Adressatenkreis und zur Perspektive des Mediums.
B) *Erschließe die Intention/-en und überlege unter Berücksichtigung der Perspektive, warum der Autor diese Absicht/-en verfolgte.*

M *Gründungsurkunde des Herzogs Konrad von Zähringen (1095 – 1152) für die Stadt Freiburg im Breisgau, 1122*

Kund sei allen, sowohl Künftigen wie jetzt Lebenden, dass ich, Konrad, an einer Stätte meines eigentümlichen Rechtes, nämlich Freiburg, einen Markt erreichtet habe im Jahre nach der Fleischwerdung des Herrn* 1120. […] Daher sei allem kund, dass ich gemäß ihren Bitten und Wünschen die Privilegien, welche folgen, gewährt habe. […]

[1.] Ich aber verspreche allen, die meinen Markt aufsuchen, Frieden und Sicherheit des Weges binnen meiner Gewalt und Herrschaft. Wenn einer von ihnen in diesem Bereich beraubt wird, werde ich, wenn er den Räuber benennt, entweder das Geraubte zurückgeben lassen oder es selbst bezahlen.

[2.] Wenn einer meiner Bürger stirbt, soll seine Ehefrau mit ihren Kindern alles besitzen und ohne jede Bedingung erhalten, was ihr Mann hinterlassen hat.

[3.] Ich gewähre, soweit ich kann, dass alle (Grund-)Besitzer des Marktes Teilhaber der Rechte meiner Leute und der Landleute seien, damit sie nämlich ohne Strafgebot Weiden, Gewässer, Auwälder und Forsten benutzen mögen.

[4.] Allen Kaufleuten erlasse ich den Zoll.

[5.] Niemals werde ich meinen Bürgern einen anderen Vogt**, niemals einen anderen Priester ohne Wahl vorsetzen, sondern, wen immer sie dazu erwählen, den sollen sie von mir bestätigt erhalten.

[6.] Wenn ein Streit oder eine Klage unter meinen Bürgern entsteht, soll sie nicht nach meinem oder ihres Vogtes Gutdünken diskutiert werden, sondern sie soll nach gewöhnlichem und legitimen Recht aller Kaufleute, vorzüglich aber der Kölner, im Gericht geprüft werden.

[7.] Wenn einer sich in einem Mangel an notwendigen Dingen verstrickt, mag er seinen Besitz verkaufen, an wen er will. Der Käufer aber entrichte von dem Grundstück den festgesetzten Zins.

[…] Und damit ich diesen Eid nicht aus irgendeinem

Grund breche, habe ich durch Handschlag dem freien Manne und den Vereidigten des Marktes ein Treueversprechen in Bezug auf diese Sache gegeben. Amen.

Gekürzt, zitiert nach: Ernst Pitz, Lust an der Geschichte, Leben im Mittelalter, München 1990, S. 339f.

*** Gemeint ist die Geburt von Jesus Christus.**

**** Vogt = Amtsbezeichnung, für jemanden, der im Auftrage des Landesherrn über einen Teil dessen Gebietes regierte und herrschte.**

Beispiel 6: Ermittlung der *Gestaltung* aus Texten (Klasse 10)

Auswahl des erforderlichen Aspektes aus dem Raster:

A) Gestaltungsmittel

Auswahl der Arbeitsaufträge aus dem jeweiligen Aspekt:

A1) Nenne die stilistischen Gestaltungsmittel.

A2) Erkläre die stilistischen Gestaltungsmittel.

A3) Begründe die zeitgenössische Auswahl und Verwendung der stilistischen Gestaltungsmittel.

M ***Hitlers „Mein Kampf" Bd. 2 Kap. 5: Weltanschauung und Organisation***

Politische Parteien sind zu Kompromissen geneigt, Weltanschauungen niemals. [...] Die Engigkeit ihres Programms raubt ihnen den Heroismus, den eine Weltanschauung fordert [und] führt ihnen die kleinen und schwächlichen Geister zu, mit denen man keine Kreuzzüge zu führen imstande ist. So bleiben sie meist schon frühzeitig in ihrer eigenen erbärmlichen Kleinheit stecken. Damit geben sie aber den Kampf für eine Weltanschauung auf und versuchen, stattdessen durch sogenannte >>positive Mitarbeit<< möglichst eilig ein Plätzchen am Futtertrog bestehender Einrichtungen zu erobern und möglichst lange daran zu bleiben. Das ist dann ihr ganzes Streben. Und sollten sie je durch einen etwas brutal veranlagten konkurrierenden Kostgänger von dieser allgemeinen Futterkrippe weggedrängt werden, dann ist ihr Sinnen und Trachten nur darauf eingestellt, sich, sei es durch Gewalt oder List, in dem Rudel der Auch-Hungrigen wieder nach vorne zu bringen, um endlich, koste es auch ihre heiligste Überzeugung, sich an der geliebten Nährquelle laben zu können. Schakale der Politik!

Da eine Weltanschauung niemals bereit ist, mit einer zweiten zu teilen, so kann sie auch nicht bereit sein, an einem bestehenden Zustand, den sie verurteilt, mitzuarbeiten, sondern fühlt die Verpflichtung, diesen Zustand und die gesamte gegnerische

Ideenwelt mit allen Mitteln zu bekämpfen, d.h. deren Einsturz vorzubereiten.

Zitiert nach: Hartmann, Christian u.a. (Hg.): Hitler, Mein Kampf. Eine kritische Edition, Bd. 2. München/Berlin 2016, S. 1153.

Arbeitswissen

stilistisches Mittel	Merkmal oder Funktion
Superlative/Elative	Steigerung von Substantiven durch Adjektive (z. B. „größer", „bedeutender"); sogar Adjektive, die bereits inhaltlich einen Superlativ ausdrücken („radikal"), wurden gesteigert (am radikalsten); Aufwertung der eigenen Gruppe
Wiederholungen	Eintrichtern von Positionen/Argumenten
Imperativischer Stil	befehlende/fordernde Anweisungen/Aufforderungen
Vergleich	vor allem mit dem Bereich der Technik sowie der Medizin/Biologie um den politischen Gegner zu verunglimpfen oder Glaubwürdigkeit der Argumente zu suggerieren
Gegensatzpaare	Positionen werden überschaubar gemacht und vereinfacht (z. B. Freund Feind)

Auswahl nach Sigrid Frind: Die Sprache als Propagandainstrument des Nationalsozialismus, in: Muttersprache. Zeitschrift zur Pflege und Erforschung der deutschen Sprache, hg. im Auftrage der Gesellschaft für deutsche Sprache, H. 76, 1966, S. 129–135.

Beispiel 7: Ermittlung der *Deutung* aus Statistiken (Klasse 10)

Auswahl der erforderlichen Aspekte aus dem Raster:

A) Mengenverhältnisse
B) Gestaltungsmittel
C) historischer Sachverhalt
D) Deutung

Auswahl der Arbeitsaufträge aus den jeweiligen Aspekten:

A1) Nenne die den Ereignissen zugewiesenen Zahlen.
A2) *Beschreibe das Mengenverhältnis zwischen der Bevölkerung (Personengruppe) und den Ereignissen und überlege, worin das Verhältnis begründet liegt.*
B) Begründe die zeitgenössische Auswahl und Verwendung der graphischen Gestaltungsmittel.
C) Weise den historischen Sachverhalt nach.
D) *Erschließe die Charakterisierung des Prozesses und leite daraus die Bewertung des historischen Sachverhaltes ab.*

M ***Bevölkerung und Städtegründungen in Mitteleuropa***

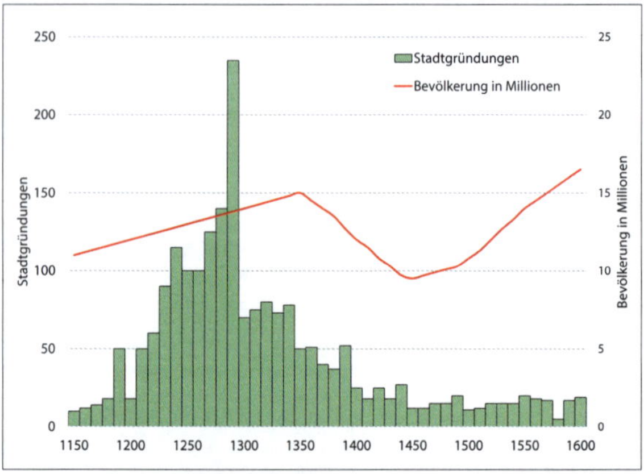

Nach: Jan de Vries: European Urbanization. 1500 – 1800, Cambridge (Mass.) 1984.

Beispiel 8: Ermittlung der *Intention/-en* aus Schemata (Klasse 8)

Auswahl der erforderlichen Aspekte aus dem Raster:

A) Abhängigkeitsverhältnisse
B) Deutung
C) Intention/-en

Auswahl der Arbeitsaufträge aus den jeweiligen Aspekten:

A1) Nenne die den Gestaltungsmitteln und Elementen des Schemas zugewiesenen Institutionen.
A2) Beschreibe die Abhängigkeitsverhältnisse zwischen den Institutionen.
A3) Erschließe die Machtverhältnisse.
B) Erschließe die enthaltenen Kernaussagen zum historischen Sachverhalt.
C) *Erschließe die Adressaten und überlege, warum gerade sie von der Bewertung überzeugt werden sollten.*

M ***Französische Verfassung von 1791***

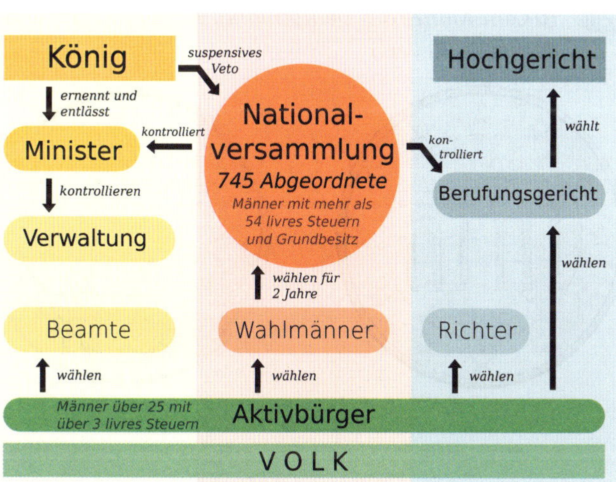

Cirdan, GNU Free Documentation License.

Beispiel 9: Ermittlung der *Deutung* aus gegenständlichen Quellen (Klasse 10)

Auswahl der erforderlichen Aspekte aus dem Raster:

A) historischer Gebrauchswert und soziales Zeichen
B) Gestaltungsmittel
C) historischer Sachverhalt
D) Deutung

Auswahl der Arbeitsaufträge aus den jeweiligen Aspekten:

A) Erschließe mithilfe des historischen Kontextes den materiellen Wert und den allgemeinen/gesellschaftlichen Nutzen.
B) *Erkläre die Gestaltungsmittel und überlege, warum gerade sie so verwendet wurden.*
C) *Benenne die dargestellten historischen Gegenstände und ordne sie einem historischen Konzept zu.*
D) *Erschließe die enthaltenen Kernaussagen zum historischen Sachverhalt und überlege, welche zeitgenössischen Normen und Werte diese beeinflusst haben.*

M ***10 Cent-Münze aus Deutschland, Vorder- (Avers) und Rückseite (Revers)***

Raster zur Lehrer- und Schülerevaluation des Kompetenzerwerbs*

Aspekt: formale Merkmale

	Schüler/-in	Lehrer/-in	Schüler/-in	Lehrer/-in	Schüler/-in	Lehrer/-in
Fähigkeit	ansatzweise		halbwegs		vollständig	
Ich kann den Autor/Auftraggeber, Titel, Entstehungszeitraum, Entstehungsraum und/oder Präsentationsort wiedergeben und die vorliegende Medienart anhand typischer Kriterien bestimmen.						
Ich kann aus den formalen Merkmalen Hypothesen zum Adressatenkreis, zur Reichweite, zur Funktion, zur *Perspektive* und/oder zu/-r *Intention/-en* ableiten.						
Ich kann aus den Hypothesen eine historische Frage ableiten.						

Aspekt: Stimmung/Wirkung

	Schüler/-in	Lehrer/-in	Schüler/-in	Lehrer/-in	Schüler/-in	Lehrer/-in
Fähigkeit	ansatzweise		halbwegs		vollständig	
Ich kann die Stimmung/Wirkung in Worte fassen.						
Ich kann die Stimmung/Wirkung anhand der *Gestaltung* erklären.						
Ich kann aus der Stimmung/Wirkung eine Hypothese zur *Deutung* des Autors ableiten.						

Aspekt: Gestaltung

	Schüler/-in	Lehrer/-in	Schüler/-in	Lehrer/-in	Schüler/-in	Lehrer/-in
Fähigkeit	ansatzweise		halbwegs		vollständig	
Ich kann vorhandene graphische, stilistische, akustische und/oder plastische Gestaltungsmittel nennen.						
Ich kann die Gestaltungsmittel fachlich (als kulturell und historisch konnotiert) erklären.						
Ich kann die zeitgenössische Auswahl und Verwendung der Gestaltungsmittel begründen.						

Aspekt: historischer Sachverhalt

	Schüler/-in	Lehrer/-in	Schüler/-in	Lehrer/-in	Schüler/-in	Lehrer/-in
Fähigkeit	ansatzweise		halbwegs		vollständig	
Ich kann das dargestellte Element/die dargestellte Situation beschreiben.						
Ich kann die historischen Personen/-gruppen, Lebewesen, Gegenstände (be-)nennen.						
Ich kann den historischen Sachverhalt nachweisen.						

Aspekt: Deutung

	Schüler/-in	Lehrer/-in	Schüler/-in	Lehrer/-in	Schüler/-in	Lehrer/-in
Fähigkeit	ansatzweise		halbwegs		vollständig	
Ich kann anhand der *Gestaltung* die Charakterisierung der erwähnten historischen Akteure, Ereignisse, Prozesse und Strukturen erschließen.						
Ich kann die enthaltenen Kernaussage/-n zum *historischen Sachverhalt* erschließen.						
Ich kann die enthaltenen Kernaussagen als kulturell und historisch konnotierte/-s Werturteil/-e nachweisen.						

Aspekt: Intention/-en

	Schüler/-in	Lehrer/-in	Schüler/-in	Lehrer/-in	Schüler/-in	Lehrer/-in
Fähigkeit	ansatzweise		halbwegs		vollständig	
Ich kann mithilfe der *formalen Merkmale* und des historischen Kontextes den/die Adressaten erschließen.						
Ich kann über die *Deutung* und die Adressaten die Intention/-en erschließen.						
Ich kann die Intention/-en hinsichtlich zeitgenössischer Handlungsoptionen und -zwänge begründen.						

Aspekt: Perspektive

	Schüler/-in	Lehrer/-in	Schüler/-in	Lehrer/-in	Schüler/-in	Lehrer/-in
Fähigkeit	ansatzweise		halbwegs		vollständig	
Ich kann anhand der *formalen Merkmale* die Perspektive nennen und mithilfe des historischen Kontextes die fachliche Triftigkeit der Argumentation und/oder Kernaussage/-n beurteilen.						
Ich kann die Auswahl und *Gestaltung* der historischen Akteure, Ereignisse, Prozesse und Strukturen anhand ihrer *Deutung* erklären.						
Ich kann die Auslassungen und/oder Widersprüche der Narration begründen.						

Aspekt: Schriftzeichen/-systeme

	Schüler/-in	Lehrer/-in	Schüler/-in	Lehrer/-in	Schüler/-in	Lehrer/-in
Fähigkeit	ansatzweise		halbwegs		vollständig	
Ich kann verschiedenen Schriftzeichen beschreiben.						
Ich kann typische Merkmale einzelner Schriftsysteme zusammenfassen.						
Ich kann Schriftsysteme als historisch nachweisen.						

Aspekt: unbekannte (Fach-)Begriffe

	Schüler/-in	Lehrer/-in	Schüler/-in	Lehrer/-in	Schüler/-in	Lehrer/-in
Fähigkeit	ansatzweise		halbwegs		vollständig	
Ich kann unbekannte (Fach-)Begriffe nennen.						
Ich kann unbekannte (Fach-)Begriffe fachwissenschaftlich (als kulturell und historisch konnotiert) erklären.						
Ich kann die Verwendung von (Fach-)Begriffen im Medium begründen.						

Aspekt: Lagebeziehungen/Standortfaktoren (Karten)

	Schüler/-in	Lehrer/-in	Schüler/-in	Lehrer/-in	Schüler/-in	Lehrer/-in
Fähigkeit	ansatzweise		halbwegs		vollständig	
Ich kann die für die historische Fragestellung relevanten *Gestaltungs*mittel und Kartenelemente mithilfe der Legende auswählen.						
Ich kann die für die Fragestellung relevanten *Gestaltungs*mittel und Kartenelemente in der Karte verorten und geographische und historische Informationen zu einer Aussage verknüpfen.						
Ich kann Aussagen durch Zusammenhänge von Karteninhalten (Lagebeziehungen/Standortfaktoren) erklären.						

Aspekt: historisch-geographischer Raum (Karten)

	Schüler/-in	Lehrer/-in	Schüler/-in	Lehrer/-in	Schüler/-in	Lehrer/-in
Fähigkeit	ansatzweise		halbwegs		vollständig	
Ich kann Landschaftsumrisse und/oder Siedlungsnamen identifizieren.						
Ich kann den abgebildeten geographischen Raum erschließen.						
Ich kann den abgebildeten geographischen Raum als historisch nachweisen.						

Aspekt: historischer Gebrauchswert und soziales Zeichen (gegenständliche Quellen)

	Schüler/-in	Lehrer/-in	Schüler/-in	Lehrer/-in	Schüler/-in	Lehrer/-in
Fähigkeit	ansatzweise		halbwegs		vollständig	
Ich kann das Material beschreiben und die technische Funktionsweise des Gegenstandes erklären.						
Ich kann mithilfe des historischen Kontextes den materiellen Wert und den allgemeinen/gesellschaftlichen Nutzen des Gegenstandes erschließen.						
Ich kann die historische Bedeutung des Gegenstandes nachweisen.						

Aspekt: Mengenverhältnisse (Statistiken)

	Schüler/-in	Lehrer/-in	Schüler/-in	Lehrer/-in	Schüler/-in	Lehrer/-in
Fähigkeit	ansatzweise		halbwegs		vollständig	
Ich kann die den historischen Personen/-gruppen, Lebewesen, Gegenständen zugewiesenen Zahlen nennen.						
Ich kann das Mengenverhältnis zwischen den historischen Personen/-gruppen, Lebewesen, Gegenständen beschreiben.						
Ich kann Hypothesen zur Erklärung der statistischen Aussage/-n formulieren.						

Aspekt: Abhängigkeitsverhältnisse (Schemata)

	Schüler/-in	Lehrer/-in	Schüler/-in	Lehrer/-in	Schüler/-in	Lehrer/-in
Fähigkeit	ansatzweise		halbwegs		vollständig	
Ich kann die den *Gestaltungs*mitteln und den Elementen des Schemas zugewiesenen historischen Personen/-gruppen, Institutionen/Gremien, Lebewesen, Gegenständen, Strukturen, Ereignisse und Prozesse benennen.						
Ich kann das/die Abhängigkeitsverhältnis/-se zwischen ihnen beschreiben.						
Ich kann anhand des/der Abhängigkeitsverhältnis/-se Aussagen zur hierarchischen Ordnung/zu den Machtverhältnissen des dargestellten Systems ableiten.						

* Aus Platzgründen sind weibliche Genusformen und Plurale nicht ausgeführt, sondern müssen immer mitgedacht werden.

Anhang: Operatorenliste

Zur theoretischen Herleitung und Erläuterung anhand von Beispielen siehe Buchsteiner u.a. 2018.

Operator	Arbeitsschritte
	Reproduktion
nennen	Bestimme die zur Beantwortung der Aufgabenstellung notwendigen Informationen. Äußere sie.
zusammenfassen	Bestimme die zur Beantwortung der Aufgabenstellung notwendigen Informationen. Leite aus diesen reduzierende (auf ein Schlagwort gebrachte/verkürzte/vereinfachte) Aussagen ab. Äußere sie.
beschreiben	Bestimme die zur Beantwortung der Aufgabenstellung notwendigen Informationen. Formuliere zusammenhängend Beziehung/-en zwischen den von dir bestimmten Informationen (= Sachverhalt).
	Reorganisation und Transfer
zuordnen	Gleiche die gegebenen Informationen mit den Definitionen von Kategorien* ab. Formuliere deine Folgerung.
einordnen	***Nenne*** Zeit, Raum und konkreten historischen Sachverhalt. ***Ordne*** deine Feststellungen einer Kategorie* ***zu***.
erschließen	***Beschreibe*** den im Material enthalten historischen Sachverhalt. ***Ordne*** den [aus der Beschreibung] erarbeiteten historischen Sachverhalt einer Kategorie* ***zu***.
erklären	***Beschreibe*** den gegebenen historischen Sachverhalt. ***Ordne*** den [aus der Beschreibung] erarbeiteten Sachverhalt einer Kategorie* ***zu***. Leite aus der von dir zugeordneten Kategorie* einen Funktionszusammenhang für den erarbeiteten historischen Sachverhalt ab.

erläutern	***Erkläre*** den gegebenen historischen Sachverhalt. Gleiche die zugeordnete Kategorie* mit anderen historischen Sachverhalten ab. ***Nenne***, die sich aus dem Abgleich ergebenden passenden Beispiele für den zuvor in der Erklärung erarbeiteten Funktionszusammenhang.
charakterisieren	***Fasse*** den gegebenen konkreten historischen Sachverhalt ***zusammen***. Leite aus den erarbeiteten reduzierenden Aussagen resultierende Merkmale/Schlagworte ab. ***Ordne*** dem im Arbeitsauftrag vorgegebenen Aspekt einer Kategorien* ***zu***.
begründen	***Beschreibe*** den in der Aufgabe gegebenen historischen Sachverhalt. Wähle aus den [aus der Beschreibung] erarbeiteten Sachverhalten die für die Beantwortung der Aufgabe notwendigen aus. Formuliere auf dieser Basis zusammenhängend eine strukturierte Argumentation.
nachweisen	***Begründe*** die in der Aufgabe enthaltene Aussage. Belege deine Argumentation mit/anhand anderer historischer Sachverhalte.
Reflexion	
abwägen	***Begründe*** die möglichen Zuordnungen des Sachverhalts zu den in der Aufgabe zur Abwägung gestellten Kategorien*. ***Ordne*** deine Feststellungen gemäß Für und Wider dem in der Aufgabe gegebenen Kategorien* ***zu***. Formuliere deine Folgerung in Form einer strukturierten Argumentation.
beurteilen	***Beschreibe*** den in der Aufgabe gegebenen historischen Sachverhalt. ***Ordne*** den [aus der Beschreibung] erarbeiteten Sachverhalt einer Kategorie* ***zu***. Formuliere anhand der von dir zugeordneten Kategorie* eine Aussage zum Stellenwert des gegebenen/erarbeiteten historischen Sachverhalt. Wähle aus den erarbeiteten Sachverhalten diejenigen aus, die deine These stützen. Formuliere eine strukturierte Argumentation.

bewerten	***Beschreibe*** den in der Aufgabe gegebenen historischen Sachverhalt. ***Ordne*** den [aus der Beschreibung] erarbeiteten Sachverhalt einer Kategorie* ***zu***. Bestimme anhand deiner persönlichen Wertmaßstäbe den Stellenwert der von dir zugeordneten Kategorie* für dich. Wähle aus den erarbeiteten Sachverhalten diejenigen aus, die deine Einschätzung stützen. Formuliere eine strukturierte Argumentation.
diskutie-ren	***Bewerte*** den gegebenen historischen Sachverhalt. Stelle deine Bewertung zur Disposition, indem Du sie äußerst und auf andere Bewertungen Bezug nimmst.
erörtern	***Beschreibe*** den in der Aufgabe gegebenen historischen Sachverhalt. ***Ordne*** den [aus der Beschreibung] erarbeiteten Sachverhalt mindestens zwei sich ausschließenden Kategorien* ***zu***. Bestimme das Für und Wider der einzelnen von dir zugeordneten Kategorien*. Gewichte das Für und Wider der von dir zugeordneten Kategorien*. Formuliere auf dieser Basis eine strukturierte Argumentation.
vergleichen	***Beschreibe*** die einzelnen gegebenen historischen Sachverhalte. ***Ordne*** einzelne [aus der Beschreibung] ersichtlichen Sachaussagen gegebenen/selbstgewählten Kategorien* (= Kriterien) ***zu***. ***Erkläre*** die zu den Kriterien zugeordneten Sachaussagen. Gleiche die erklärten Sachaussagen auf Gemeinsamkeiten, Ähnlichkeiten und Unterschiede ab. Formuliere deine Folgerung.

* fachspezifische Begriffe/Modelle/Konzepte/Ideologien/Hypo/-Thesen etc. im Sinne übergeordneter historischer Zusammenhänge

Literaturverzeichnis

BORRIES, Bodo von (2016): Geschichte von Geschichtslernen und Geschichtsunterrichte (1949–2014). Eine qualitativ-empirische Studie. In: Buchsteiner, Martin/Nitsche, Martin (Hrsg.): Historisches Erzählen und Lernen. Historische, theoretische, empirische und pragmatische Erkundungen. Wiesbaden, S. 9–44.

BUCHSTEINER, Martin/**LORENZ,** Tobias/**MUST,** Thomas/**SCHELLER,** Jan (2018): Operatoren im Geschichtsunterricht. Greifswald.

GAUTSCHI, Peter (2009): Guter Geschichtsunterricht. Schwalbach/Ts.

GÜNTHER-ARNDT, Hilke (2015): Ein neuer geschichtsdidaktischer Medienbegriff angesichts des digitalen Wandels? In: Pallaske, Christoph (Hrsg.): Medien machen Geschichte. Neue Anforderungen an den geschichtsdidaktischen Medienbegriff im digitalen Wandel. Berlin, S. 17–36.

HARTUNG, Olaf (2016): Generische Lernaufgaben im Geschichtsunterricht – oder: die ‚zwei Seiten' einer Gattungskompetenz. In: Handro, Saskia/Schönemann, Bernd (Hrsg.): Aus der Geschichte lernen? Weiße Flecken der Kompetenzdebatte (= Geschichtskultur und historisches Lernen, Bd. 13), Münster, S. 187–198.

HEUER, Christian (2010): Für eine neue Aufgabenkultur – Alternativen für historisches Lehren und Lernen an Hauptschulen. In: Zeitschrift für Geschichtsdidaktik 09/2010, S. 79–97.

HODEL, Jan/**WALDIS,** Monika (2007): Sichtstrukturen im Geschichtsunterricht – die Ergebnisse der Videoanalysen. In: Gautschi, Peter u.a. (Hrsg.): Geschichtsunterricht heute. Eine empirische Analyse ausgewählter Aspekte. Bern, S. 91–142.

KÖRBER, Andreas/**SCHREIBER,** Waltraud/**SCHÖNER,** Alexander (2007): Kompetenzen historischen Denkens. Ein Strukturmodell als Beitrag zur Kompetenzorientierung in der Geschichtsdidaktik. Neuried.

PANDEL, Hans-Jürgen (2016): Kompetenzen – ein Rückblick nach zwölf Jahren. In: geschichte für heute 03/2016, S. 20–34.

ROTH, Heinrich (1971): Pädagogische Anthropologie. Band II: Entwicklung und Erziehung. Hannover.

SCHOEBE, Gerhard (1983): Quellen, Quellen, Quellen … Polemik gegen ein verbreitetes Unterrichtskonzept. In: Geschichte in Wissenschaft und Unterricht 34/1983, S. 298–317.

WEINERT, Franz E. (2001): Vergleichende Leistungsmessung in Schulen – eine umstrittene Selbstverständlichkeit. In: Ders. (Hrsg.): Leistungsmessungen in Schulen. Weinheim u.a., S. 17–31

Onlineverzeichnis

OPERATOREN FÜR DAS FACH GESCHICHTE (Stand: Oktober 2012), veröffentlicht unter: https://www.kmk.org/fileadmin/pdf/Bildung/Auslandsschulwesen/Kerncurriculum/Operatoren_fuer_das_Fach_Geschichte_Stand_Oktober_2012_ueberarbeitet.pdf [5.10.2017].

EINHEITLICHE PRÜFUNGSANFORDERUNGEN IN DER ABITURPRÜFUNG GESCHICHTE (Beschluss der Kultusministerkonferenz vom 1.12.1989 i.d.F. vom 10.2.2005), veröffentlicht unter: https://www.kmk.org/dokumentation-und-statistik/beschluesse-und-veroeffentlichungen/bildung-schule/allgemeine-bildung.html#c1286 [5.10.2017].